Züri-Winterthur
Nachmittags-Ausflüge

Inhalt

Tösstal
Auf dem Weg zur Kyburg	4
Schloss Kyburg	8
Auf dem Schauenberg	10
Badesee am Haselbärg	14
Verträumtes Tösstal	18
Panorama-Höhenweg	22
Auf dem höchsten Zürcher	26
Oberes Tösstal	30

Uster bis Bäretswil
Nordufer Greifensee	34
Südufer Greifensee	38
Am Schilfgürtel	42
Farmart und Saurier	46
Rosinli und Stoffel	50
Zur Täuferhöhle	54

Zürich bis Atzmännig
Zum Küssnachterberg	58
Tram-Museum	62
Indianer und Inuit	64
Abenteuer Zoo Zürich	66
Egelsee und Rosengarten	68
Erlebnisse am Lützelsee	72
Waldtal am Jonabach	76
Höhenweg am Batzberg	80
Auf dem hohen Grat	84
Riesenrutschbahn & Co.	88
Strandweg am Obersee	90
Zürichsee-Schifffahrt	94

Eglisau bis Steckborn
Rhein und Wein	96
Rheinknie mit Insel	100
Idyllischer Thuruferweg	104
Die grosse Weite	108
Badeseen, Klosterhopfen	112
Kartause Ittingen	116
Am Untersee	118

Albiskette bis Ägerital
Wild und Wald	122
Eine «Gratwanderung»	124
Der Uetliberg im Winter	128
Hinter den Bergen	130
Im Reich der Stalaktiten	134
Panorama am Ägerisee	138
Sattel-Hochstuckli	142

Ralph Bernet

Züri-Winterthur Nachmittags-Ausflüge
mit 30 Halbtages-Wanderungen

el EDITION LAN

Sennhof – Kemptal 1
Auf dem Weg zur Kyburg

Zwischen Sennhof im Tösstal und Kemptal an der SBB-Hauptstrecke Zürich–Winterthur erstreckt sich ein ausgedehntes Hochplateau, das die Nähe zur Stadt nur erahnen lässt. In den kleinen Weilern wie Ettenhusen oder Chämleten haben noch die Landwirte das Sagen – und das trutzige Schloss Kyburg ragt mit seinen mächtigen Mauern aus dem Lootobelwald.

 Unsere Route: Sennhof – Leisental – Kyburg – Ettenhusen – Brandrütitobel – Chämleten – Kemptal.

 Mit der S26 von Winterthur bis Sennhof, zurück nach Zürich oder Winterthur mit der S7 ab Kemptal.

 A1 bis Winterthur-Töss. Durchs Zentrum von Winterthur Fahrtrichtung Turbenthal. Sennhof ist das erste Dorf im Turbenthal. Parkplätze beim Bahnhof.

 Das ganze Jahr möglich. In den steilen Waldabschnitten sollte wegen Rutschgefahr kein Eis liegen.

 Die Wanderung dauert, ohne Besichtigung der Kyburg 2 h 30 min. Schlossbesichtigung: 1–2 h.

 Steiler Aufstieg zwischen Leisental und der Kyburg, ansonsten moderates Auf und Ab – 245 m bergauf, 238 m bergab.

 www.sbb.ch (Fahrplan)
www.schlosskyburg.ch
www.kyburg.ch

Oben: Wir wandern über ein für die Nähe zu Zürich ungewohnt menschenleeres Plateau.

Oben: Waffensaal im Schloss Kyburg.
Unten: Sorgfältig renovierte Häuser in Kyburg.

Fotos: Ronald Gohl

Ein Blick zurück lohnt sich: Nach dem Besuch der Kyburg steigen wir von Ettenhusen Richtung Norden auf und geniessen nochmals den Ausblick auf das wehrhafte Schloss.

Zwischenziel Mittelalter in Kyburg

Wer im Internet www.sennhof.ch eintippt, erhält nicht etwa weitere Informationen über unseren Ausgangspunkt der Wanderung, sondern landet bei der kantonalen Strafanstalt von Graubünden. Dorthin wollen wir definitiv nicht, aus diesem Grund bleibt das Internet als Informationsquelle für einmal nutzlos. Ins zürcherische Sennhof zu gelangen ist trotzdem nicht schwierig. Von Winterthur fahren zweimal stündlich die modernen Thurbo-Triebwagen in Richtung Bauma/Rapperswil.

Schon beim Bahnhof Sennhof zeigt uns der erste Wegweiser die Richtung zur Kyburg an. Wir gehen zur Hauptstrasse hinunter, überqueren diese vorsichtig und biegen bei der Holzschnitzel-Heizzentrale links ab, um nach wenigen Schritten scharf rechts in den Uferweg entlang der Töss einzubiegen. Bei der ersten Brücke überqueren wir den Fluss und lassen die Spinnerei Hermann Bühler AG hinter uns. Ein Kiesweg führt nun ins Leisental zu einem Stauwehr, wo wir wieder auf die Töss treffen. Bei der alten Holzbrücke beachten wir den Wegweiser zur Kyburg und beginnen unseren Aufstieg (156 Höhenmeter) durch den Lootobelwald zur Kyburg. Wir befinden uns auf dem Waldlehrpfad der Staatsförsterei Kyburg und lernen im Schweisse des Angesichts Pfaffenhütchen, Eibe und Elsbeerbaum kennen. Die zahlreichen Treppenstufen im schattigen

tipp:

Gasthaus zum Hirschen

Nach dem steilen Aufstieg vom Leisental zur Kyburg sind wir durstig und hungrig geworden. Aus diesem Grund können wir uns vor der Schlossbesichtigung im Gasthaus zum Hirschen auf dem Dorfplatz stärken.

Nach dem Dorfbrand von 1819 wurde das Gasthaus zum Hirschen, das seit dem 15. Jahrhundert Tavernenrecht besitzt, neu aufgebaut. Heute wird es von den Besitzern Paula Morf und ihrem Sohn Andreas, Küchenchef, geführt. Besonders beliebt an Wandertagen ist die überdachte Gartenterrasse.

Die Wanderwege sind auf dem ganzen Weg ausgezeichnet beschildert.

An heissen Sommertagen können wir uns an diesem Kyburger Brunnen etwas abkühlen.

Und vielleicht kommen wir bald mit Gästen für ein Nachtessen wieder? Zum Beispiel zu einem Feuerspiess nach eigenem Rezept von Andreas Morf in der gemütlichen Kaminecke.

Gastro Hirschen GmbH
Dorfstrasse 307, 8314 Kyburg
Tel. 052 232 46 01
www.hirschen-kyburg.ch
info@hirschen-kyburg.ch

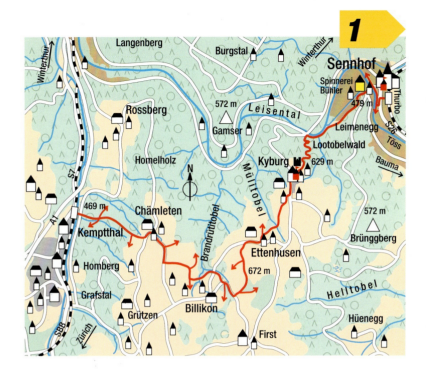

Wald münden direkt beim Eingangstor zur Burg ins Dörfchen Kyburg. In der eigenständigen Gemeinde mit nur wenigen Einwohnern scheint noch jeder jeden zu kennen. Natürlich lassen wir uns die Besichtigung von Schloss Kyburg nicht entgehen – eine der wenigen vollständig erhaltenen mittelalterlichen Burgen. Vom Dorfplatz in Kyburg, wo wir den Wegweiser nach Kempttal beachten, gehen wir geradeaus über Kopfsteinpflaster die Dorfstrasse hinunter. Etwa 100 Meter vor dem grossen Parkplatz ausserhalb des Dorfes zweigen wir rechts in den Bodenacherweg. Unser Feldweg führt in den Wald und ins Mülitobel. Eine Schlucht suchen wir jedoch vergeblich, und so kommen wir bald zum Weiler Ettenhusen – nicht zu verwechseln mit Entenhausen, der Heimat von Donald Duck. Nachdem wir auf der Kreuzung rechts abgebogen sind, verlassen wir auf der Anhöhe wieder die Strasse und gewinnen über einen Feldweg weiter an Höhe. Bei der Ruhebank wandern wir dann wieder rechts hinunter zum Waldrand, überqueren weiter unten die Hauptstrasse, durchschreiten das Brandrütitobel und erreichen ein Hochplateau mit dem Weiler Chämleten. Es bleibt noch der Abstieg durch den Wald nach Kempttal. Dieser Weg ist etwas verbuscht und hätte eine Auffrischung verdient. Er endet direkt bei der Station Kempttal (S7).

Zwei Stunden Mittelalter **2**

Schloss Kyburg

Höhepunkt unserer Wanderung von Sennhof nach Kempttal ist die Besichtigung von Schloss Kyburg. Die mittelalterliche Burg gehört zu den wenigen Anlagen, die der Nachwelt vollständig erhalten geblieben sind. Die Wehrgänge, die Waffenkammer, den Rittersaal, den Turm, ja selbst das Gefängnis können wir erkunden. Ein spannendes Erlebnis für alle Besucher.

Unser Ausflugsziel: Die Kyburg thront auf einem Hügelsporn hoch über dem Tösstal auf 636 m ü. M.

Ein Bus (Linie 655) verbindet Kyburg im Halbstundentakt (am Wochenende im Stundentakt) mit Effretikon SBB (S3).

A1 bis Ausfahrt Effretikon, ab dort den braunen Kulturwegweisern folgen. Parkplätze vor dem Dorf.

Sommer (21.3. bis 30.10.): Dienstag bis Sonntag 10.30 bis 17.30 Uhr. Winter (1.11. bis 20.3.): am Wochenende 10.30 bis 16.30 Uhr.

Wer alle Kammern und Räume von Schloss Kyburg besichtigen möchte, benötigt bis zu 2 h.

Zwei Wirtschaften im Dorf gleich vor der Burg bieten Speis und Trank.

Museum Schloss Kyburg
8314 Kyburg
Tel. 052 232 46 64
www.schlosskyburg.ch

Oben: Blick vom Schloss in den Burghof.
Mitte: Der Festsaal, auch für private Anlässe.

Unten: Mittelalterliche Schlupfgewänder hängen zur Anprobe bereit.

Fotos: Ronald Gohl, Schloss Kyburg

Als sei die Zeit stehen geblieben – diesen oder einen ähnlichen Ausblick von der Burg hatten wohl auch die Habsburger und später die Landvögte.

Zeitspuren – 800 Jahre Leben auf Kyburg

Falls Sie schon immer wissen wollten, wie es auf einem Ritterfest zu- und herging, was Frau Landvögtin den Gästen auftischte, wie es dem Dieb Johannes Grün aus Kaufbeuren oder der als Kindsmörderin angeklagten Cleophea Isler aus Weisslingen erging, was ein Ritter unter der Rüstung trug, wie alt und echt die Eiserne Jungfrau wirklich ist, wie im Mittelalter eine Burg gebaut wurde, was sich der Bürgermeister von Zürich für die Reise nach Paris zum französischen König in seinen Koffer packen liess – dann besuchen Sie das neu gestaltete Museum Schloss Kyburg. Hier erfahren Sie mehr über 800 Jahre privates und öffentliches Leben der Leute auf der Burg und auf dem Land.

Sie nehmen teil an einem Richtertag und erforschen Keller und Estrich. Sie sind Gast am Herbstfest des Landvogts, am «Grossen Brauch» oder versuchen sich an der Hebezange aus dem Mittelalter. Oder Sie testen ihren Geruchssinn und versuchen die früher verwendeten Gewürze zu erschnuppern. All dies und noch mehr auf der Spurensuche im Schloss Kyburg. Einst die Stammburg der Grafen von Kyburg, war sie später in habsburgischem Besitz, bevor sie von 1424 bis 1798 den Zürcher Landvögten als Sitz diente. Danach bewohnten Privatleute das Schloss, bis es 1917 zum Museum wurde.

Girenbad – Elgg 3
Auf dem Schauenberg

Mit 892 m ü. M. überragt der Gipfel des Schauenbergs alle umliegenden Höhenlagen und bietet eine Sicht bis weit in die Alpen hinein. In der Geschichte des Tösstals spielte der Schauenberg eine wichtige Rolle. Von einer mittelalterlichen Burg sind noch Mauerreste zu sehen. Die kleine Festung diente als Hochwacht, um Signale zur Kyburg und zum Uetliberg zu übermitteln.

Unsere Route: Girenbad – Schwändi – Schauenberg – Schümberg – Hofstetten – Burghof – Elgg.

Mit der Buslinie 680 vom Bahnhof Winterthur nach Girenbad. Rückfahrt ab Elgg mit der S35.

A1 bis Winterthur-Töss. Durchs Zentrum von Winterthur Fahrtrichtung Turbenthal. Dort nach Girenbad abzweigen. Grosser Parkplatz südlich des Gasthofs.

Von Mitte April bis ca. Mitte November – solange auf dem Schauenberg kein Schnee liegt.

Die reine Wanderzeit von Girenbad nach Elgg beträgt 2 h 30 min.

Zunächst breite Forstwege, meist aber auf schmalen Wanderwegen (nur mit guten Schuhen) – 172 m bergauf, 384 m bergab.

www.sbb.ch (Fahrplan)
www.gyrenbad.ch
www.elgg.ch
www.schloss-schenke.ch

Vom Girenbad steigen wir auf einem angenehmen Weg entlang des Waldrandes auf.

Oben: Hochstämmiger Apfelbaum bei Elgg.
Unten: Die Schloss-Schenke lädt zur Rast.

Fotos: Ronald Gohl

Zwischenziel erreicht: Auf dem Schauenberg, dem höchsten Punkt unserer Wanderung, setzen wir uns auf die Mauerreste der Burg und geniessen das Panorama.

Signale zur Kyburg und Äpfel in Mostindien

Während des Dreissigjährigen Krieges (1618–1648) und dem innereidgenössischen Konflikt zwischen den katholischen und protestantischen Orten sah sich die Zürcher Obrigkeit veranlasst, ein Hochwachtsystem einzurichten. Die Burg auf dem Schauenberg war zwar damals schon eine Ruine (sie wurde 1344 durch die Österreicher zerstört), die Signale, welche von hier aus gesendet wurden, konnten aber von den umliegenden Bergen aus gesehen und an die Amtsstellen weitergeleitet werden.

Wir beginnen unsere Wanderung beim Parkplatz bzw. bei der Bushaltestelle Girenbad. Entgegen dem ersten Wegweiser zweigen wir nicht rechts von der Strasse ab, sondern folgen dieser etwa 300 Meter bis zur Anhöhe. Hier nehmen wir das Forststrässchen, das rechts zum Waldrand hinauf abzweigt und leicht ansteigt. Die Fernsicht zu den Alpen gibt uns einen ersten Vorgeschmack auf unsere Wanderung. Vom Wasserreservoir gehen wir die wenigen Höhenmeter hinunter zum grossen Schwändihof, wo wir uns für den Schotterweg entscheiden, der mit einem Motorfahrzeugverbot belegt ist. Diesen verlassen wir in einer Waldlichtung und nehmen über Stock und Stein den Aufstieg zum Schauenberg in Angriff. Nach diesem Teilstück erreichen wir wieder unseren Schotterweg, der in einem weiten Bogen ebenfalls auf den Schauenberg führt.

tipp:

Schloss Elgg

Kurz bevor wir Elgg erreichen, entdecken wir neben der Schloss-Schenke das herrschaftliche Schloss Elgg. Es ist im Privatbesitz der Familie Werdmüller und darf nicht betreten werden. Aus diesem Grund müssen wir uns mit einem Blick von der Strasse aus begnügen. Die Historiker sind sich nicht ganz einig, wann das Schloss gebaut wurde. Als der Minister von Sankt Gallen im 12. Jahrhundert zum ersten Mal an der Seite von Walter von Elgg auftauchte, wurde das Schloss erstmals urkundlich erwähnt. Während des Mittelalters

Zwischen Schwändi und dem Schauenberg erkunden wir dunkle Wälder.

Saftige Äpfel zwischen Schümberg und Elgg – der Versuchung ist zu widerstehen!

wechselte es häufig den Besitzer. Teile des mittelalterlichen Baus wurden in die Architektur des aktuellen Schlosses integriert. Nachdem das Schloss 1712 von der Familie Werdmüller erworben wurde, folgten zahlreiche Um- und Anbauten.
Im Gegensatz zum Herrschaftssitz kann die Schloss-Schenke an ihren Öffnungstagen bei Speis und Trank besichtigt werden.
Infos: www.schloss-schenke.ch

Wir verlassen ihn bei der nächsten Biegung definitiv und folgen dem Wanderweg hinüber zum Gipfel des Schauenbergs, wo es Zeit für eine Rast wird. Dabei können wir das Panorama, das bis weit nach Deutschland und die Alpen reicht, ausgiebig bestaunen. Unterhalb des Gipfels bietet ein grosser Wegweiser eine Vielzahl von Wanderzielen an. Wir steigen entlang von Wiesen zu einem Bauernhof ab. Unterhalb von diesem erwartet uns eine Wegverzweigung. Wir folgen dem Wegweiser nach rechts und beachten wenig später die Abzweigung von der Forststrasse. Der Pfad führt über Treppenstufen den Wald hinunter. Am Waldrand angekommen, queren wir die Forststrasse und schlendern über den Wiesenweg zum Weiler Schümberg. Die ersten Apfelplantagen verraten die Nähe zum Kanton Thurgau, der wegen seiner mit Indien vergleichbaren Form auch oft als Mostindien bezeichnet wird. Wir nehmen die Strasse hinauf zum Waldrand und anschliessend den schmalen Pfad durch den Buchenwald über Hofstetten hinunter zum Sennhof. Wir könnten jetzt der Strasse nach Elgg folgen, unser Wanderweg macht jedoch einen kleinen Umweg über den Burghof und die Schloss-Schenke, bis wir nach einem Waldtobel direkt auf Elgg zusteuern. Wir müssen den Ort durchqueren und auf dem Trottoir der langen Dorfstrasse bis zum Bahnhof spazieren, wo wir auf die Abfahrt der S35 nach Winterthur warten.

Rundweg Bichelsee 4
Badesee am Haselbärg

Hand aufs Herz: Wer war schon mal auf dem Haselbärg oder am Bichelsee? Nur wenige werden diese zauberhafte Landschaft an der Grenze zwischen Zürcher Oberland und dem Thurgauer Tannzapfenland kennen. Nebst einer gemütlichen Rundwanderung erwartet uns in der Badi ein erfrischender Sprung ins Nass des Bichelsees.

Unsere Route: Bichelsee – Seelmatten – Rüetschbärg – Niderhofen – Höfli – Bichelsee.

Mit der S26 von Winterthur nach Turbenthal. Weiter mit dem Postauto der Linie 625 bis Strandbad Bichelsee.

Von Winterthur nach Turbenthal, vor der Kirche links Richtung Wil. Parkplätze beim Strandbad Bichelsee.

Die Wanderung am Bichelsee ist das ganze Jahr möglich. Nach Neuschnee wird nicht gepfadet.

Eine Runde um den Bichelsee dauert, wenn wir es gemütlich nehmen, etwa 1 h 30 min.

Leichte Wanderung, auch mit dem Kinderwagen oder Rollstuhl möglich – 23 m bergauf und bergab.

www.sbb.ch (Fahrplan)
www.bichelsee.ch

Seelmatten ist ein beschaulicher Ort, wo sich Fuchs und Hase gute Nacht sagen.

Oben: Trafo-Türmchen im Ortsteil Niderhofen. Unten: Einfamilienhaussiedlung am Weg.

Fotos: Ronald Gohl

Die Badi am Bichelsee gehört zu den schönsten der Schweiz und gilt bei vielen Badegästen als Geheimtipp. Im Hintergrund erhebt sich der bewaldete Haselbärg.

Erdbeerglacee vom Hofladen

Genau durch die Badi am Bichelsee verläuft die Grenze zwischen den Kantonen Thurgau und Zürich. Während die thurgauische Gemeinde Bichelsee zwei Drittel des Sees besitzt, gehört das andere Drittel zum Hoheitsgebiet der Zürcher Oberländer Gemeinde Turbenthal.
Am einfachsten gelangen wir mit dem eigenen Auto zum Bichelsee. Wer aufs öffentliche Verkehrsmittel angewiesen ist, kann erst am späteren Nachmittag anreisen. Das erste Nachmittags-Postauto erreicht das Strandbad Bichelsee von Turbenthal aus kurz vor halb fünf Uhr (Fahrplanstand 2007). Am Wochenende sind diese Verbindungen gar noch schlechter. Im Gegensatz zu kleinen Bergdörfern in unseren Alpentälern, wo oft stündlich ein Bus fährt, sind weniger wichtige Dörfer im Kanton Zürich häufig schlecht oder gar nicht mit dem öV erschlossen.
Beim Parkplatz der Badi beginnen wir unsere Rundwanderung in Marschrichtung Turbenthal und nehmen den geteerten Veloweg, der nach dem kleinen Bächlein hinüber zum Weiler Seelmatten führt. Dort überqueren wir bei der Kreuzung die Hauptstrasse und finden einige Schritte weiter den ersten Wanderwegweiser. Beim Haus «Seeblick» zweigen wir rechts ab und gehen über den meist menschenleeren Dorfplatz zu Selingers Jerseyhofladen, wo es

tipp:

Strandbad Bichelsee

Das Badi-Areal am Bichelsee befindet sich direkt an der Hauptstrasse Turbenthal–Bichelsee, und es ist das ganze Jahr zugänglich. Von Mai bis September lädt das Strandbad mit seinen familienfreundlichen, günstigen Eintrittspreisen (eine Familie bezahlt pauschal 5 Franken, Stand der Preise 2007) zur Abkühlung und zum Schwimmen im Bichelsee ein. Die Seetiefe beträgt 6 bis 7 Meter.
Ein Kiosk, ein Kinderspielplatz, ein Kinderplanschbad sowie ein Beach-Volleyball-Feld und ein Tischtennistisch sorgen zudem für Kurzweil.

Boot fahren, schwimmen, Tischtennis – die Freizeit kann kaum schöner sein.

Es können auch Boote gemietet werden. Auf diese Weise vergeht ein Nachmittag am Bichelsee kürzer, als den Besuchern und Ausflüglern lieb ist.
Im Winter wird das Eis übrigens oft von der Gemeinde zum Eislaufen und Hockeyspielen freigegeben.

Gemeindeverwaltung
8363 Bichelsee
Tel. 071 973 99 77
www.bichelsee.ch

Vom Waldweg zwischen Seelmatten und Rüetschbärg blicken wir auf den Bichelsee.

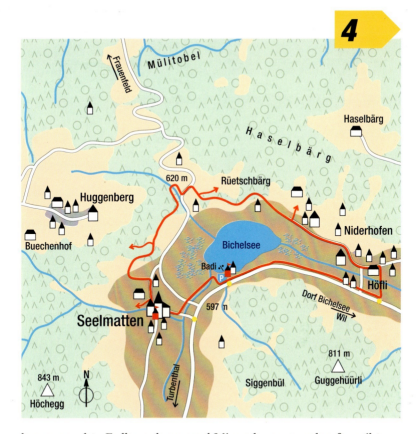

hausgemachte Erdbeerglacee und Mineralwasser zu kaufen gibt. Wir gehen in Richtung Rüetschbärg und schwenken nach dem letzten Seelmatter Haus links in einen Feldweg ein. Die einzige Steigung unserer Rundwanderung führt zum Waldrand hinauf, von wo aus wir den Bichelsee aus leicht erhöhter Lage überblicken können. Ein längeres Teilstück unserer Wanderung führt nun durch den Wald, einige Ruhebänke und der Blick aufs romantische Täli laden zu einer Rast ein. Nachdem wir die Strasse erreicht haben, folgen wir ihr ein kurzes Stück bergauf. Nach etwa 70 Metern dirigiert uns der nächste Wegweiser rechts in einen Feldweg. Dieser führt zunächst wieder durch den Wald, anschliessend auf Hartbelag zu den Einfamilienhäusern im Bichelseer Ortsteil Niderhofen. Beim Dorfbrunnen nehmen wir den Weg rechts, der am Trafo-Türmchen vorbei zur Strasse führt. Kurz vor dieser entscheiden wir uns für den parallel verlaufenden Fussweg, der erst auf dem letzten Abschnitt kurz vor dem Bichelsee auf den Radstreifen der Strasse führt. Vor der Rückfahrt empfiehlt sich eine Abkühlung im Badesee – ein Muss für Familien mit Kindern!

Bauma – Turbenthal 5
Verträumtes Tösstal

Die Töss entspringt am Tössstock, durchfliesst das Tösstal und mündet bei der Tösseck in den Rhein. Bei so viel «Töss» verliert man leicht den Überblick. Dabei handelt es sich um ein ganz reizendes und verträumtes Tal, das man am besten mit den modernen Thurbo-Zügen der S26 erkundet. Sie verkehren auf der Strecke Winterthur–Bauma–Wald–Rapperswil.

 Unsere Route: Bauma – Dillhus – Juckern – Saland – Au – Tablat – Wila – Turbenthal.

 Mit der S26 von Winterthur oder Rapperswil bis Bauma. Rückfahrt mit der S26 ab Turbenthal.

 A53 bis Autobahnende in Oberuster, weiter über Wetzikon und Bäretswil nach Bauma. Parkplatz beim Bahnhof.

 Die Wanderung ist das ganze Jahr möglich. Nach Schneefällen ist der Weg nicht gepfadet.

 Einschliesslich kleiner Pausen am Tössuferweg dauert unsere Wanderung rund 3 h.

 Flacher Uferweg ohne Höhenunterschied. Zwischen Saland und Wila mit Kinderwagen möglich.

 www.sbb.ch (Fahrplan)
www.bauma.ch
www.wila.ch
www.turbenthal.ch

Markante Industriebauten entlang der Töss erinnern an eine Zeit des Aufbruchs.

Oben: Idyllische Orte sind keine Mangelware.
Unten: Moderner Thurbo-Triebzug.

Fotos: Ronald Gohl

Dieser Weiher südlich des Weilers Dillhus diente einst der industriellen Stromerzeugung. Heute erfreut er als Naturschutzgebiet die Wanderer.

Flusswanderung mit besonderem Reiz

1452 kaufte die Stadt Zürich die Grafschaft Kyburg, und damit wurde das Tösstal für alle Zeiten zürcherisch. Bis in die Dreissigerjahre des 19. Jahrhunderts hatte das wilde Bett der Töss als Verkehrsweg dienen müssen. Nach dem Bau der Tösstalstrasse erschienen die ersten Postkutschen, eine Notwendigkeit für die sich rege ausbreitende Textilindustrie.

Wir beginnen unsere Wanderung in Bauma, die mit 2076 Hektaren zu den flächenmässig grössten Gemeinden des Kantons Zürich zählt. Am Restaurant Bahnhof und an der Wasserpumpe der Dampfbahn vorbei spazieren wir talauswärts Richtung Turbenthal. Nachdem wir die Bahnlinie unterquert haben, biegen wir vor der Brücke links in den Tössuferweg. Im Bistro «Halliträf» beim Schulhaus und Hallenbad können wir uns stärken, bevor wir weiter nördlich wieder auf die Bahnlinie treffen und die Töss auf einem Fussgängersteg überqueren. Nun lassen wir die letzten Häuser von Bauma hinter uns und kommen zu einem sogenannten Schwemmsteg. Zwei Bretter, die in der Flussmitte auf einem Joch ruhen, sind an den Ufern an Gelenken befestigt. Bei Hochwasser werden die Bretter zur Seite gedrückt und geben das Abflussprofil frei. Früher gab es nur solche Schwemmstege im Tösstal. Wir überqueren den Fluss und erreichen einen romantischen Stauweiher, der an die

5

Industrialisierung des Tösstals erinnert. Heute erfreut das Gewässer als Naturschutzgebiet die Wanderer. Den nächsten Fussgängersteg über die Töss beachten wir nicht. Erst kurz vor dem Weiler Dillhus überqueren wir erneut den Fluss auf einer Gitterrostbrücke. Gleich danach biegen wir links in eine Wegspur ein, die allerdings schlecht markiert ist. Sie führt parallel zur Töss über die Wiese und später an der markanten ehemaligen Fabrik von Juckern mit dem turmhohen Schornstein vorbei. In den ersten Fabriken im Tösstal mussten oft auch Kinder viele Stunden arbeiten, um das Einkommen der armen Familien aufzubessern. Nach der Au kommen wir zu einem Campingplatz, wo Gartenzwerge die Wohnwagen bewachen. In der Camping-Beiz kaufen wir ein kühles Getränk und setzen unsere Flusswanderung fort. Beim Weiler Tablat queren wir auf einem Holzsteg ein Seitenbächli, das wenige Meter weiter in die Töss gurgelt. Nachdem wir die grosse Autobrücke unterquert haben, erreichen wir bald die Säge von Wila.

Hier überqueren wir die Töss und gehen zum Bahnhof. Wer müde ist, kann nach zwei Stunden die Wanderung vorzeitig abbrechen. Wir gehen weiter, obwohl auf dem Wegweiser nicht mehr Turbenthal angeschrieben ist. Unterhalb der Kirche erreichen wir die Hauptstrasse und zweigen nach einigen Schritten auf dem Trottoir rechts in die Sommeraustrasse. Sie bringt uns über die Bahnlinie zurück zum Tössuferweg. Wir bleiben nun auf der linken Seite des Flusses und unterqueren die Eisenfachwerkbrücke der Bahn. Auf dem letzten Abschnitt wirds etwas eng und abenteuerlich. Wir wechseln zum letzten Mal das Ufer der Töss und sehen den Bahnhof Turbenthal schon bald vor uns.

Die Kirche von Wila thront auf einem Hügel hoch über dem Dorf.

Diese Wasserpumpe am Bahnhof Bauma erzählt von Dampfzügen, die noch fahren.

tipp:

Mit Dampf unterwegs

Zu den beliebtesten Ausflugszielen im Zürcher Oberland gehört die Dampfbahn, die zwischen Hinwil, Bäretswil und Bauma verkehrt. Die historischen alten Züge sind mehrmals pro Jahr nach einem speziellen Fahrplan auf der Strecke unterwegs. Die Reise führt wie anno dazumal in alten Wagen mit Holzbänken durch die hügelige Oberländer Landschaft von Bäretswil und vorbei an der einst blühenden Baumwollspinnerei von Neuthal bis nach Bauma, wo sich die Remise mit einem Teil der Dampfloks befindet. Weitere Maschinen sind in

Uster stationiert. Der Betrieb wird vom Dampfbahn-Verein Zürcher Oberland (DVZO) aufrechterhalten, dessen Mitglieder mit viel Enthusiasmus und Fronarbeit Loks renovieren sowie Wagen und Strecke in Schuss halten.

Dampfbahn-Verein Zürcher
Oberland (DVZO)
Postfach, 8340 Hinwil
Tel. 052 386 17 71
www.dvzo.ch

Gfell – Schmidrüti 6
Panorama-Höhenweg

Laut Statistik sind die Sternenberger die mobilsten Bewohner des Kantons Zürich, es gibt dort genauso viele Autos wie Einwohner. Trotzdem ist in Sternenberg kein Verkehrschaos zu befürchten. Wie der Name schon sagt, liegt der Ort den Sternen etwas näher, und zwar auf einem Hochplateau im Zürcher Oberland. Unsere Wanderung führt über das Sternenberger Gebiet.

Unsere Route: Gfell – Allenwinden – Gäntenegg – Roopel – Sädlegg – Buchenenstock – Schmidrüti.

Mit der S5 bis Wetzikon, weiter mit dem Bus 850 bis Bauma. Von dort aus mit dem Postauto nach Gfell.

A53 bis Autobahnende in Oberuster, weiter über Oberwetzikon und Bäretswil nach Bauma. Parkplatz beim Bahnhof benützen und mit dem Postauto nach Gfell.

Das ganze Jahr möglich. Nach Schneefällen wird die Strasse über die Sädlegg nicht sofort geräumt.

Die Wanderung dauert, wenn wir es gemütlich nehmen, rund 2 h 15 min.

Der ganze Weg führt über Panorama-Nebenstrassen, grösstenteils Hartbelag, auch mit Kinderwagen möglich – geringes Auf und Ab.

www.sbb.ch (Fahrplan)
www.sternenberg.ch
www.sternen-sternenberg.ch
www.freihof-schmidrueti.ch

Reichlicher Blumenschmuck an den Bauernhäusern im Weiler Roopen.

Oben: Das Panorama von der Sädlegg.
Unten: Wilder Bauerngarten in Roopen.

Fotos: Ronald Gohl

Es lohnt sich, zwischendurch stehen zu bleiben und das Panorama auf die umliegenden Hügelzüge des Zürcher Oberlandes zu geniessen.

Weitblicke geniessen

Wie im Emmental durchziehen abgelegene Täler, sogenannte «Chrächen», und einsame Hügelzüge das zerfurchte und gebirgige Zürcher Oberland. Da gibt es Höfe, wo die Bauern in völligem Einklang mit der Natur leben, scheinbar weit abgeschieden von der nächsten Siedlung. Einzig die seit der Einführung der Süd- und Ostanflüge morgens und abends über die Köpfe hinwegbrummenden Flugzeuge verraten die Nähe zur Grossstadt.

Mit dem kleinen Postauto fahren wir vom Bahnhof Bauma über das Dörfchen Sternenberg zum Weiler Gfell. Das ganze Jahr ist Sternenberg mit seinen 330 Einwohnern, zwei Käsereien und einer himmlisch gelegenen Panorama-Primarschule ein beliebtes Ausflugsziel, sei es für Nebelflüchtige oder einfach für diejenigen, die wieder einmal in die Natur eintauchen möchten.

Gfell, wo wir unsere Wanderung beginnen, besteht nur aus wenigen Häusern und gehört ebenfalls zur Gemeinde Sternenberg. Zu unserer rechten Seite grüsst das 1130 Meter hohe Hörnli, der höchste Berg im Kanton Zürich. Wir wandern zunächst Richtung Südosten auf dem kleinen Strässchen, das ins Niemandsland zu führen scheint. Der Verkehr hält sich in Grenzen, vor allem wenn wir unsere Wanderung an einem Werktag unternehmen. Aber auch an einem Wochenende ist der Andrang an motorisierten Vehikeln

tipp:

Gasthaus Sternen

Schon als wir mit dem Postauto in Sternenberg vorbeigefahren sind, regte sich der Wunsch, noch einmal hierher zu kommen. Nicht nur wegen der hübschen Bergkirche, sondern auch, um im ländlich gemütlichen Gasthaus Sternen einzukehren. Zum Beispiel zum Nachtessen am Ende der Tour, wenn wir unser Auto in Bauma geholt haben und nochmals hinauf nach Sternenberg fahren.
Der «Sternen» wird von der Familie Brühwiler-Rüegg geführt. Das Gasthaus, das im Film «Sternenberg» von Christoph Schaub eine wichti-

ge Rolle spielte, bietet Feines vom heissen Stein oder eine Spezialität aus der Gegend. Nach einem romantischen Dinner, auf 900 m ü. M. den Sternen etwas näher, kann in einem gemütlichen Zimmer auch übernachtet werden.

Gasthaus Sternen
8499 Sternenberg
Tel. 052 386 14 02
www.sternen-sternenberg.ch
info@sternen-sternenberg.ch

Oben: Unsere Wanderstrasse bei Zinggen.
Mitte: Das kleine Postauto im Weiler Gfell.

Mitte: Herbstliche Apfelbäume am Weg.
Unten: Wanderweg kurz vor der Sädlegg.

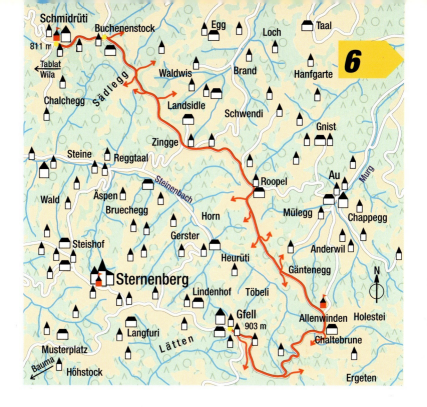

nicht so gross. Unser Strässchen führt in den Wald und um viele Kurven, dabei geniessen wir immer wieder die Weitblicke zum hügeligen Horizont oder den Tiefblick in einen der zahlreichen «Chrächen». Wir sollten nicht zu dritt oder zu viert nebeneinander gehen, denn mit einem Auto oder Traktor muss hinter jeder Kurve gerechnet werden. Wer mit dem Kinderwagen unterwegs ist, freut sich über das problemlose Vorankommen. In Allenwinden erwartet uns eine Bergbeiz, wo wir den ersten Durst stillen können. Nach dieser Stärkung gehts weiter auf der Strasse Richtung Sitzberg. In Roopwil erreichen wir einen jener abgelegenen Weiler, wo das Leben noch einen anderen Gang nimmt. Wir zweigen links ab und wandern auf dem Strässchen weiter zu den Bauernhöfen von Zingge. Hier entscheiden wir uns für die mittlere von drei Strassen, die schon nach wenigen Metern den Hartbelag verliert und wo wir nun doch noch auf etwas steinigem Untergrund wandern können. Unsere Route führt wieder über weite Panorama-Hügelzüge und über die Sädlegg zum Buchenenstock, wo wir wieder auf eine Teerstrasse treffen. Es bleibt der Abstieg nach Schmidrüti. Das Gasthaus zum Freihof, ein traditionelles Riegelhaus, kommt uns hier wie gerufen. Das Postauto bringt uns hinunter nach Wila, wo wir mit der S26 zum Ausgangspunkt Bauma zurückfahren.

Gfell – Hörnli – Steg 7
Auf dem höchsten Zürcher

Unter Hörnli verstehen wir in diesem Kapitel nicht das schweizerische Wort für eine Nudel, auch nicht den Basler Zentralfriedhof, sondern den mit 1133 m ü. M. höchsten ganz im Kanton Zürich liegenden Berg. Noch etwas höher ist mit 1292 m ü. M. das im Osten vom Hörnli gelegene Schnebelhorn, doch dessen Gipfel muss der Kanton Zürich mit dem Kanton St. Gallen teilen.

Unsere Route: Gfell – Chlihörnli – Hörnli – Tanzplatz – Äsch – Steg.

Mit der S5 bis Wetzikon, weiter mit dem Bus 850 bis Bauma. Ab Winterthur mit der S26 bis Bauma. Weiter mit dem Postauto bis Gfell.

Auf der A1 bis Winterthur-Töss, durchs Zentrum Richtung Turbenthal und das Tösstal hinauf bis Bauma fahren. Parkplätze beim Bahnhof.

Die Bergwanderung ist von ca. Mitte April bis Ende Oktober möglich. Im Winter ist die Strasse Steg–Hörnli für Schlittler offen.

Einschliesslich kleiner Pausen dauert unsere Wanderung rund 2 h 30 min.

Leicht zu begehender Bergweg, nur mit griffigen Schuhen – 270 m bergauf, 487 m bergab.

www.sbb.ch (Fahrplan)
www.bauma.ch
www.berggasthaus-hoernli.ch

Von Gfell wandern wir zunächst auf einem Gratweg zum Waldrand hinauf.

Oben: Kurze Verschnaufpause im Wald.
Unten: Abstieg von Hörnli nach Steg.

Fotos: Ronald Gohl

Nach einem angenehmen Aufstieg durch schattigen Wald haben wir auf 1133 m ü. M. den höchsten Punkt, der ganz auf zürcherischem Boden liegt, erreicht.

Älpler-Hörnli oder Hörnli-Gipfel?

Hörnli mit Ankeziger, Käse-Hörnli-Salat, Erdnuss-Hörnli oder doch lieber Älpler-Hörnli? Die Rezepte auf der Website des Berggasthauses Hörnli lassen die Qual der Wahl. Ob wir uns, mit knurrendem Magen auf dem Hörnli-Gipfel angekommen, eine Hörnli-Speise servieren lassen? Schliesslich gehören die Hörnli zu den Leibgerichten von uns Schweizern.

Unsere Wanderung beginnen wir mit einer Postautofahrt von Bauma über Sternenberg nach Gfell. Besonders im Oktober, wenn bereits eine Nebeldecke auf die Grossstadt drückt, pilgern ganze Wanderscharen aufs oft nebelfreie Hörnli, so dass das kleine Postauto an seine Kapazitätsgrenzen stösst. Um sicherzugehen, dass das Hörnli wirklich nebelfrei ist, können wir uns mittels der Gipfel-Webcam (zu finden unter www.berggasthaus-hoernli.ch) vergewissern.

Von der Postautohaltestelle in Gfell wandern wir auf der Strasse rund 100 Meter nach Osten, bevor wir rechts abzweigen und dem Wegweiser Richtung Hörnli/Heiletsegg folgen. Die grosse Antenne auf dem Hörnli sehen wir bereits, der Aufstieg kann also nicht so anstrengend sein. Schon nach wenigen Schritten verlassen wir das geteerte Strässchen zur Heiletsegg und nehmen links den Wanderweg, der zu einem namenlosen Grat hinaufführt. Wer

tipp:

Trottiplausch am Hörnli

Auch Kinder werden sich für eine Wanderung aufs Hörnli begeistern lassen, wenn sie hören, dass die Abfahrt nach Steg mit dem Trotti möglich ist. Der kurzweilige Aufstieg gibt selbst im Hochsommer dank dem schattigen Wald bei der Jungmannschaft kaum zum Meckern Anlass. Doch aufgepasst: Wer an schönen Wochenenden zu spät kommt, erhält möglicherweise kein Trotti mehr. Die Nachfrage ist gross und das Angebot klein. Der Wirt hat in der Beiz alle Hände voll zu tun, so dass keine Zeit bleibt, die Trottis in Steg unten wieder einzu-

Den Gipfel überragt die mächtige Antenne, die von weit herum sichtbar ist.

Im Berggasthaus Hörnli haben wir eine Erfrischung auf der Sonnenterrasse ver-

sammeln, um die Nachfrage zu befriedigen. Nach Voranmeldung können für Gruppen Trottis reserviert werden – manchmal auch für eine vier- oder fünfköpfige Familie.
Auf der Schotterstrasse nach Steg herrscht Gegenverkehr, weil auch Landwirte und Anwohner mit ihren Fahrzeugen unterwegs sind. Es gelten die allgemeinen Strassenverkehrsvorschriften.

Weitere Infos: Tel. 055 245 12 02

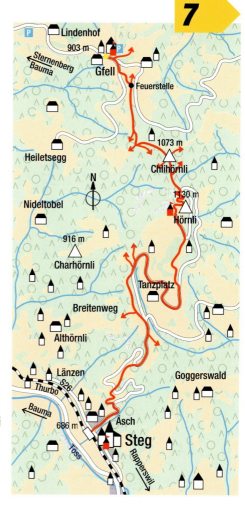

schon Hunger hat, kann bereits bei der Feuerstelle am Waldrand seine mitgebrachten Würste braten. Es lohnt sich auch, stehenzubleiben und die sanften Hügelzüge des Zürcher Oberlandes zu bewundern, die hier etwas an den Baselbieter Jura erinnern. Wir achten bei dem nun folgenden Aufstieg auf die Wanderwegmarkierungen an den Bäumen. An einer Ruhebank vorbei, gehts alsbald ziemlich steil zu einem Waldgrat hinauf. Diesem folgen wir über Stock und Stein und merken dabei nicht, dass wir soeben das Chlihörnli erreicht haben. Wir steigen wenige Höhenmeter in eine Mulde hinunter und folgen anschliessend dem Jakobsweg bis zum Hörnli mit seinem weit ausladenden Gipfelplateau mit mehreren Feuerstellen. Im Selbstbedienungsrestaurant unterhalb des Gipfels werden an gut frequentierten Tagen die bestellten Essen mittels Reservationsnummern ausgerufen.

Unseren Abstieg vom Hörnli beginnen wir auf einer Teerstrasse. Bei der ersten Kehre nehmen wir den Wanderweg, der rechts nach Steg hinunterführt. Weiter unten erreichen wir eine Schotterstrasse, die uns über den Tanzplatzhof zu einer Verzweigung führt. Hier nehmen wir den parallel zum Strässchen führenden Wanderweg. Weiter unten schneidet unser Weg immer wieder das Schottersträsschen ab, bis wir den Bahnhof Steg erreichen. Mit dem «Thurbo» der S26 fahren wir nach Bauma zurück.

Bauma – Steg **8**
Oberes Tösstal

Das obere Tösstal erstreckt sich zwischen Winterthur und Steg und präsentiert sich als liebliche Landschaft mit viel Grün und ländlichen Weilern. Das war nicht immer so: Früher hat die Töss immer wieder zu Überschwemmungen und zu grossem Leid bei der Bevölkerung geführt. Seit die Wasserkraft durch Verbauungen gebändigt wurde, ist es friedlicher im Tösstal geworden.

Unsere Route: Bauma – Tüfenbach – Wellenau – Lipperschwändi – Steg.

Mit der S5 bis Wetzikon, weiter mit dem Bus 850 bis Endstation am Bahnhof Bauma. Oder von Winterthur/Rapperswil mit der S26 bis Bauma.

Auf der A1 bis Winterthur-Töss. Durchs Zentrum und Richtung Turbenthal. Alles das Tösstal hinauf bis Bauma fahren. Parkplätze beim Bahnhof.

Von April bis November; das Tösstal muss schneefrei sein, sonst wäre der Waldweg bei Steg zu rutschig.

Die reine Wanderzeit zwischen Bauma und Steg beträgt 1 h 30 min.

Ebener Wanderweg mit kleinen, gut zu bewältigenden Auf- und Abstiegen von wenigen Metern.

www.sbb.ch (Fahrplan)
www.bauma.ch
www.dvzo.ch (Dampfbahn)

Während unserer Wanderung kommen wir am beschaulichen Weiler Wellenau vorbei.

Oben: Bahn und Töss – unsere Begleiter.
Unten: Flarzhaus bei Lipperschwändi.

Eine grosse Attraktion ist die Dampfbahn Zürcher Oberland (DVZO), die an mehreren Sonntagen im Jahr zwischen Hinwil und Bauma verkehrt.

Abenteuerliche Wegspuren entlang der Töss

Ob wir nun mit der S-Bahn aus Winterthur oder Rapperswil, dem Bus aus Wetzikon, dem Dampfzug aus Hinwil oder mit dem Auto in Bauma ankommen – unser Ziel ist das Gleiche, nämlich der ländliche Bahnhof.
Gleich neben dem Bahnhofsgebäude finden wir einen Wegweiser. Wir folgen der Beschilderung nach Steg. Nach dem Parkplatz überqueren wir die Schranke. Zwischen Brücke und Bahngleis biegen wir rechts in den Tössuferweg ein. Zunächst erwartet uns eine lange Gerade parallel zur eingleisigen Bahnstrecke. Die Sicht auf den Fluss links von unserem Weg ist im Hochsommer wegen dem dichten Laub versperrt. Nachdem der Rad- und Wanderweg sich vom Bahngleis abwendet, kommen wir zu einem Fussgängersteg über die Töss (links). Rechts hätten wir die Möglichkeit, etwa 100 Meter zum Gasthof Heimat zu gehen und uns dort zu verpflegen.
Auf der anderen Seite der Töss zweigen wir rechts ab, gehen den Weidezäunen entlang und überqueren den Tüfenbach, der hier in die Töss mündet. Es folgt ein kleiner Aufstieg auf einem schmalen Fussweg, der nach etwa zehn Minuten bei Wellenau in eine Quartierstrasse mündet. Vorbei an einem Landschulhaus, kommen wir zum Brunnen mitten im Weiler, hier gehts links auf der Teerstrasse weiter. Nach etwa 200 Metern verlassen wir diese und steigen

hinunter zur Wiese. Das schmale Weglein führt der Töss entlang und später zu einem typischen Zürcher Oberländer Flarzhaus. Hier unterqueren wir die Bahn, und gleich danach beachten wir den Wanderwegweiser und «verirren» uns nicht etwa auf den Veloweg. Nach einigen weiteren Wanderminuten treffen wir im Weiler Lipperschwändi ein. Hier entscheiden wir uns für den abenteuerlichen Weg entlang der Töss. Dazu gehen wir hinunter zur Strasse, folgen dieser Richtung Steg bis zum Alters- und Pflegeheim Blumenau. Der Wegweiser veranlasst uns, die Strasse zu überqueren und anschliessend die Töss. Von nun an wirds spannend: Schon der Durchgang hinter der Schreinerei Diggelmann ist trotz Wegweiser verbuscht, danach queren wir eine Wiese, wo es nur eine Wegspur gibt. Unser Weg führt zu einem Bauernhof im Ortsteil Länzen. Wir bleiben hier auf der rechten Seite der Töss und zweigen am Waldrand links vom Feldweg ab, um entlang dem Zaun wieder eine Wiese zu queren. Daran schliesst ein Weg am Abhang zur Töss an. Schliesslich erreichen wir Steg. Wir überqueren die Bahnlinie, gehen zur Strasse hinunter und folgen den Wegweisern zum Bahnhof. Von Steg fährt stündlich eine S-Bahn zurück nach Bauma.

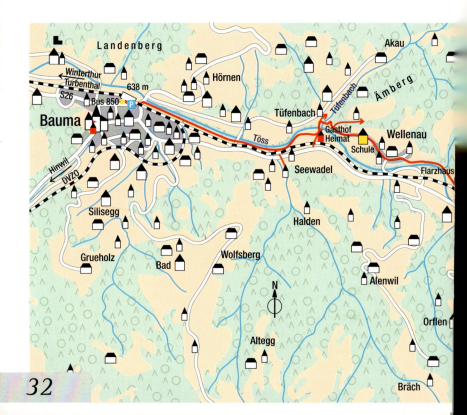

Teils führt unsere Wanderung über schmale Wege und durch den «Busch».

Seit einiger Zeit verkehren im Tösstal komfortable, moderne Niederflurzüge.

tipp:

Café und mehr ...

An der Bahnhofstrasse in Bauma befindet sich das Café Konditorei Voland, welches von René Schweizer geführt wird. Berühmt sind nicht nur seine Baumerfladen, eine weit herum bekannte, süsse Versuchung nach über 100-jährigem Rezept, sondern auch zahlreiche weitere Köstlichkeiten. Seien dies Tössfischli aus Schokolade, Pralinen für Diabetiker oder eine Dampfbahnbüchse mit Schokowürfeln. Im gemütlichen Café oder auf der Terrasse können wir uns nach der Rückkehr von unserer Wanderung in Bauma erfrischen und stärken – schliesslich haben wir durch die Betätigung in der freien Natur einige Kalorien verloren, so dass wir mit gutem Gewissen einen Baumerfladen oder eine der anderen Köstlichkeiten zu einem Kaffee versuchen können.

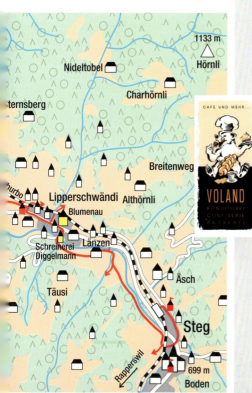

Café Konditorei Voland
Bahnhofstrasse 4, 8494 Bauma
Tel. 052 386 11 20
www.baumerfladen.ch

Niederuster – Fällanden **9**
Nordufer Greifensee

Nur 20 Kilometer vor den Toren der Stadt Zürich breitet sich der Greifensee aus. Das sechs Kilometer lange und 1500 Meter breite Gewässer im Zürcher Oberland zeichnet sich besonders durch seine naturnahen Ufer und Hochmoore aus, die seit 1941 unter strengen Naturschutzbestimmungen stehen. Aus diesem Grund sind die Uferzonen auch nirgends verbaut.

Unsere Route: Niederuster – – Storen – Greifensee – Böschenried – Suelen – Fällanden – Rohr.

Nach Uster gelangen wir mit der S5, wo wir in den Bus der Linie 817 Richtung Niederuster/See steigen.

Auf der A53 bis zur Ausfahrt Uster-Nord. Durchs Zentrum nach Niederuster, dort in den Seeweg einbiegen, Parkplätze in der Nähe des Sees.

Die Wanderung ist das ganze Jahr möglich. Die Schiffe fahren nur von Frühjahr bis Herbst.

Die Uferwanderung von Niederuster bis Rohr dauert, kleine Pausen eingerechnet, rund 2 h.

Ebener Uferweg ohne Steigungen, auch mit Kinderwagen und Rollstuhl machbar.

www.sbb.ch (Fahrplan)
www.uster.ch
www.sgg-greifensee.ch
www.schlossgreifensee.ch

An einem bezaubernden Frühsommertag geniessen wir das naturnahe Greifensee-Ufer.

*Oben: Das moderne Kursschiff erreicht Rohr.
Unten: Alte Riegelhäuser in Greifensee.*

Fotos: Ronald Gohl

Flachmoore und Riedwiesen wie hier im Böschenried konnten sich mit ihrer reichen Flora und Fauna am Greifensee erhalten.

120 Zugvögel und eine Fliegende Festung

Die Bewohner am Greifensee waren schockiert, als am 24. April 1944 ein angeschossener B-17-Bomber der US Air Force in ihren friedlichen See stürzte, der erst drei Jahre zuvor als eines der ersten Naturreservate der Schweiz unter Schutz gestellt wurde. Die Trümmer der viermotorigen Fliegenden Festung «Little Chub», die von Schweizer Abfangjägern abgeschossen wurde, konnten erst neun Jahre später geborgen werden. Der amerikanische Copilot James Burry starb beim Absturz, drei weitere Besatzungsmitglieder konnten mit dem Fallschirm aus geringer Höhe abspringen.
Heute präsentiert sich der Greifensee wesentlich friedlicher: Die Vögel zwitschern, Kinder spielen mit Gummibooten am Wasser, die Eltern räkeln sich an der Sonne. Wir beginnen unsere Wanderung bei der Schifflände Niederuster, wo wir rechts in den Seeuferweg einbiegen. Bis Greifensee soll die Wanderung 40 Minuten dauern, lesen wir auf dem gelben Wegweiser. Auf dem nur wenige Zentimeter breiten Weglein kommen wir unter schattigen Bäumen und vorbei an kostenlosen Badeplätzen mit Feuerstellen gut voran. Eine parkartige Baumlandschaft und zahlreiche Ruhebänke laden zum Verweilen ein. Wer mit Kinderwagen oder Rollstuhl unterwegs ist, nimmt den etwas weiter landeinwärts verlaufenden Kiesweg, auf welchen wir kurz vor der Einmündung des Aabachs stossen.

9

Unmittelbar nach dem Überqueren der beiden Flussarme zweigen wir scharf nach links ab und gelangen zurück zu den naturnahen Ufern. Durchs Naturschutzgebiet mit einer Beobachtungsplattform gehts weiter durch den schattigen Wald, bis unser Weg kurz vor dem Städtchen Greifensee aufs Trottoir mündet. Beim Restaurant Zur Alten Kanzlei spazieren wir links hinunter, am Schloss Greifensee vorbei, zum Wasser. Diesem bleiben wir auch weiter treu, kommen an der kostenpflichtigen Badi vorbei und wandern durchs geschützte Böschenried, ein interessantes Moorgebiet. Rund um den Greifensee soll es 400 verschiedene Pflanzen geben, ausserdem wurden schon über 120 Zugvögel-Arten hier nachgewiesen. Bei der Wegkreuzung im Ried halten wir links, folgen dem Weg durchs Schilf von Suelen und queren den Glattbach auf einer alten, schmalen Eisenbrücke. Weiter westlich kommen wir auf der Höhe von Fällanden kurz auf eine Teerstrasse, diese verlassen wir jedoch gleich wieder, um durchs Naherholungsgebiet Rohrwies mit Badeplätzen, Feuerstellen und Bänklis zur Schifflände in Rohr zu gelangen. Mit dem Kursschiff fahren wir schliesslich über Greifensee zurück nach Niederuster.

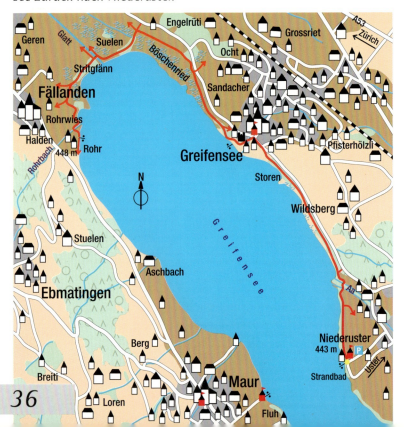

Das Schloss Greifensee diente einst als Sitz der Landvögte der Reichsstadt Zürich.

An einigen Stellen können wir von Beobachtungsplattformen übers Schilf spähen.

tip:

Schloss Greifensee

Das 1261 erstmals urkundlich erwähnte Schloss Greifensee wurde im Jahre 1402 für 7219 Gulden von den Grafen von Toggenburg an die Stadt Zürich verpfändet. Weil das Pfand nie mehr eingelöst wurde, machte es sich der erste Zürcher Landvogt in der schön gelegenen Herrschaft am Greifensee bequem. Doch der Friede am See war trügerisch, bereits 1444 wurde das schöne Schloss nach der vierwöchigen Belagerung durch die Eidgenossen teilweise zerstört, und 62 Zürcher wurden hingerichtet. Bald darauf kehrte wieder Frieden ein,

so dass der Kanton das Schloss in seiner heutigen Form wieder aufbauen konnte. Nach einer sanften Innenrenovation kam die Herrschaft 1995 mittels eines Gebrauchsleihvertrages zur Stiftung Schloss Greifensee und gilt heute als wichtiger Ort der kulturellen Begegnung. Das Gebäude kann auch für Anlässe aller Art gemietet werden.

Weitere Infos bei der Stiftung:
www.schlossgreifensee.ch

Maur – Aaspitz 10
Südufer Greifensee

Der Urgreifensee, der sich nach dem Rückzug der letzten eiszeitlichen Gletscher bildete, erstreckte sich einst von Dübendorf bis Grüningen. Vor mehr als 10 000 Jahren gab es diese Ortschaften natürlich noch nicht. Heute erinnert der deutlich geschrumpfte Greifensee an die letzte Eiszeit – obwohl der See ganz angenehme Badetemperaturen aufweist.

 Unsere Route: Maur-Seehäuser – Fluh – Spori – Ifang – Punt – Letzi – Seewisen – Aaspitz.

 Von Uster (S5 ab Zürich) gelangen wir mit dem Bus der Linie 817 nach Niederuster/See. Überfahrt mit dem Schiff nach Maur.

 Auf der A53 bis zur Ausfahrt Uster-Nord. Durchs Zentrum nach Niederuster, dort in den Seeweg einbiegen, Parkplätze in der Nähe des Sees. Überfahrt mit dem Schiff nach Maur.

 Die Wanderung ist das ganze Jahr möglich. Die Schiffe fahren nur von Frühjahr bis Herbst.

 Die Uferwanderung von Maur-Seehäuser bis Aaspitz dauert inkl. Abstechers zur Silberweide rund 2 h.

 Ebener Uferweg, kleine Steigung bei Fluh, auch mit Kinderwagen und Rollstuhl machbar.

 www.sbb.ch (Fahrplan)
www.sgg-greifensee.ch
www.silberweide.ch
www.greifensee-stiftung.ch

Wandern mit oder ohne Hund – sowohl Vier- als auch Zweibeiner geniessen den See.

Oben: Der Hof Fluh auf einer kleinen Anhöhe.
Unten: Mit dem Schiff von Uster nach Maur.

Fotos: Ronald Gohl

Der Greifensee wird heute von Freizeitsportlern intensiv genutzt: Segeln, Surfen, Fischen, Schwimmen gehören ins sonntägliche Bild.

Mit oder ohne Abstecher zur Silberweide

Mit einer Tiefe von nur 32,3 Metern ist der Greifensee für Taucher wenig attraktiv, dafür zählt das Gebiet zu den wertvollsten Naturlandschaften im Kanton Zürich. Rund um den See führt ein Weg, teils durch ausgedehnte Schilfgebiete, aber auch unter Schatten spendenden, grossen Bäumen entlang.
Unser heutiger Spaziergang führt uns ans Südufer des Greifensees. Dabei haben wir auch Gelegenheit, die Naturstation Silberweide zu besuchen und mehr über die Fauna und Flora zu erfahren. Ausgangspunkt unseres Ausflugs ist die Schifflände in Niederuster. Meist mit dem MS «Heimat», Baujahr 1933, das für die Fährverbindung Niederuster–Maur eingesetzt wird, überqueren wir den Greifensee an seiner schmalsten Stelle. In Seehäuser, wo sich zahlreiche Freizeitsportler tummeln, starten wir unseren Spaziergang. Zunächst gehen wir auf dem Trottoir landeinwärts am Restaurant Schifflände vorbei. Nach rund 200 Metern biegen wir links in einen Kiesweg ein, der als Uessiker Seeweg beschildert ist. Vorläufig sehen wir allerdings noch nicht viel vom Wasser, denn es geht an Feldern vorbei und leicht bergauf zum Bauernhof Fluh, wo wir bei der Kreuzung geradeaus weitermarschieren. Nebst Wanderern sind am Wochenende auch viele Biker unterwegs. Es folgt ein längeres, schattenloses Teilstück, das uns zum Naturschutzgebiet Spori und

damit wieder zurück an den Greifensee führt. Da und dort haben auf den Wiesen Badegäste ihre Tücher ausgebreitet. Obwohl wir nun dicht am Wasser sind, sehen wir den See nur ab und zu. Hohe Bäume und die naturnahen Ufer mit ihren Schilfbeständen versperren die Aussicht. Kurz vor dem Strandbad – ein Zückerchen, um auch Kindern die Wanderung schmackhaft zu machen – treffen wir auf Hartbelag. Dieses Stück ist jedoch nur kurz, schon nach

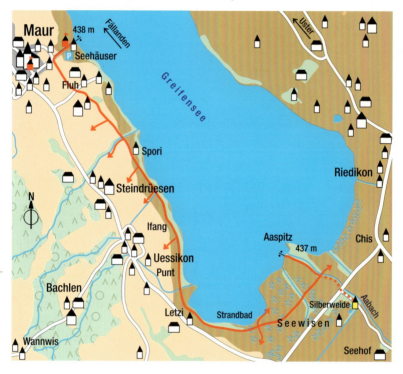

der Badi gehts auf dem Kiesweg weiter. Nach einer längeren Geraden über das Feuchtgebiet Seewisen kommen wir zu einer Wanderwegkreuzung am Aabach. Wir können links dem Bach entlang direkt zur Schifflände Aaspitz spazieren oder der Naturstation Silberweide einen Besuch abstatten. Hierzu zweigen wir nach rechts ab, überqueren die Hauptstrasse und gelangen zur Silberweide. Diese bietet einen Erlebnispfad, einen Naturlehrpfad, eine Beobachtungshütte und vieles mehr (Öffnungszeiten im Internet unter www.silberweide.ch – es wird Eintritt verlangt). Mit dem Schiff kehren wir schliesslich via Maur (umsteigen) nach Niederuster zurück.

Einzig auf der Höhe von Letzi folgt der Weg unmittelbar dem Ufer des Greifensees.

Mitte: Warten aufs Schiff in Aaspitz.
Unten: Das neue MS «David Herrliberger».

tipp:

Naturstation Silberweide

Die Naturstation am südlichen Greifensee vermittelt uns einen einmaligen Einblick in die faszinierende Pflanzen- und Tierwelt des Greifenseegebietes und lädt uns auf eine spannende Entdeckungsreise ein. Die vielen offenen Flächen, Teiche, die Baumgruppen und dichten Hecken bieten Nahrung, Schutz und Brutplätze für viele Tierarten. Entdeckungs- und Forschungsgeist werden an den verschiedenen Posten des Erlebnispfades geweckt. In der Beobachtungshütte auf der grossen Plattform sind wir für die nahen Vögel

unsichtbar und können die Tiere aus nächster Nähe studieren. Auf dem Rundgang werden wir an verschiedenen Stellen auf die kleinen und grossen Wunder der Natur aufmerksam gemacht. Eine Ausstellung rundet das Angebot ab.

Naturstation Silberweide
Seestrasse 37, 8617 Mönchaltorf
Tel. 043 277 83 73
www.silberweide.ch

Rundweg Pfäffikersee **11**

Am Schilfgürtel

Die Moorlandschaft am Pfäffikersee wartet mit aussergewöhnlichen biologischen und landschaftlichen Werten auf. Der See ist nach dem Rückzug der Gletscher am Ende der letzten Eiszeit vor mehr als 10 000 Jahren entstanden. Rund um den Pfäffikersee führt ein beliebter Wanderweg, der entweder direkt am Wasser oder durch ufernahe Schilfgebiete verläuft.

 Unsere Route: Pfäffikon – Ötschbüel – Seegräben – Ruetschbergbucht – Pfäffikon.

 Mit der S5 bis Uster, weiter mit dem Bus 830 nach Pfäffikon bis Haltestelle «Kirche».

 Auf der A53 bis Ausfahrt Uster-Nord. Weiter nach Pfäffikon. Parkplätze gibts beim «Dorfmärt» kurz vor dem Ortszentrum.

 Die 8,7 km lange Rundwanderung ist das ganze Jahr, wenn kein Schnee und Eis liegt, möglich.

 Eine Runde um den Pfäffikersee dauert, wenn wir es gemütlich nehmen, etwa 2 h 30 min.

 Ebener, rollstuhl- und kinderwagengängiger Weg. Dazwischen kleinere Höhenunterschiede von wenigen Metern.

 www.sbb.ch (Fahrplan)
www.baeretswil.ch
www.juckerfarmart.ch
www.seegraeben.ch

Oben: Brücke über den Aabach, am gegenüberliegenden Ufer liegt Seegräben.

Oben: Römerkastell bei Irgenhausen.
Unten: An Sonntagen beliebter Wanderweg.

Fotos: Ronald Gohl

Wenn im Sommer das Schilf mancherorts den Blick auf den See versperrt, können wir über mehrere Holzstege hinaus aufs Wasser gelangen.

Vom Sirup zur Moorlandschaft

Kennen Sie den Sonnentau, die Besenheide, die Moosbeere und die Rosmarinheide? Diese Pflanzen, früher weit verbreitet, sind heute weitgehend aus unserer Landschaft verschwunden. Das Ufer des Pfäffikersees gehört zu den wenigen Regionen der Schweiz, wo diese Arten noch einen Lebensraum finden.

Wir beginnen unsere Rundwanderung beim «Dorfmärt», von wo aus wir auf der Strasse Richtung Uster zurückgehen. An der Kirche vorbei, gehts über die Strasse Im Kehr zum See, wo am Quai Ruderboote gemietet werden können.

Am Pfäffikersee wenden wir uns nach links und wandern zunächst auf einem breiten Kiesweg durch einen romantischen Park am Wasser. Nachdem wir eine asphaltierte Quartierstrasse erreicht haben, können wir im Hofladen Palme ein hausgemachtes Produkt wie Konfitüren oder verschiedene Sirupsorten erwerben. Wir wandern auf dem asphaltierten Veloweg weiter bis zum Römerkastell, das erhöht auf einem kleinen Hügel thront. Nach der Besichtigung der gut erhaltenen Mauerreste nehmen wir den breiten Kiesweg durchs Ried bis zu einer Ruhebank, wo wir scharf nach rechts abbiegen. Der Weg führt weiter durch die Moorlandschaft und über den Kemptnerbach bis zur Strasse, die nach Westen zum Campingplatz und Strandbad von Auslikon führt. Wir gehen über die

tipp:

Hofladen Stiftung zur Palme

Ausgangs Pfäffikon treffen wir auf den Hofladen der Stiftung zur Palme. Der drittgrösste Betrieb von Pfäffikon ZH bietet rund 300 Menschen mit und ohne Behinderung einen Arbeits- oder Ausbildungsplatz. Insgesamt stehen 95 Wohn- und 142 Arbeitsplätze für Menschen mit einer vorwiegend geistigen Behinderung zur Verfügung. Die Stiftung zur Palme geht von der Lern- und Entwicklungsfähigkeit aller Menschen aus und unterstützt die Entwicklung der vorhandenen Kräfte und Fähigkeiten. Im Hofladen können Produkte des mit der

Blühende Obstplantagen und Löwenzahnwiesen auf der Höhe von Seehalden.

Unmittelbar nach dem Hotel Seerose entdecken wir diesen malerischen Tümpel.

Bio-Knospe zertifizierten Betriebes gekauft werden. Erhältlich sind selbst gemachte Konfitüren, Sirups, Tees, verschiedene Kräutermischungen und Liköre, aber auch originelle Gebrauchsartikel und Geschenke.

Stiftung zur Palme
Hochstrasse 31–33
8330 Pfäffikon ZH
Tel. 044 953 31 31
www.palme.ch – info@palme.ch

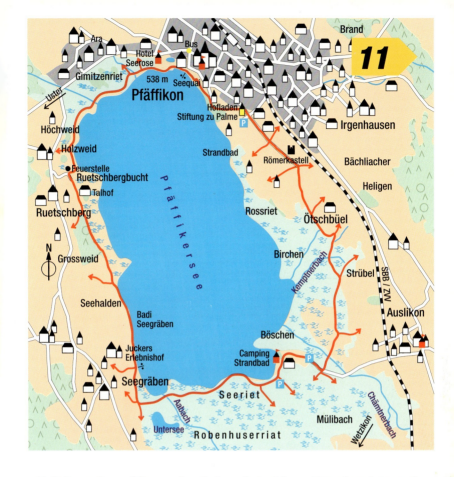

Brücke und anschliessend zwischen Anmeldung Campingplatz und Hecke auf einem schmalen Schotterweg in Richtung See. Beim zweiten Parkplatz wenden wir uns nach rechts und folgen nun dem Seeweg. Mehrere kurze Wege führen durchs Schilf zu idyllischen Holzstegen. Nach der Überquerung des Aabachs und einem feinkörnigen Kiesweg erreichen wir eine T-Verzweigung. Wir wenden uns erneut nach rechts und gelangen zur Seegräbnerbucht. Wer Lust hat, kann die Strasse hinauf zu Juckers Erlebnishof (Hofladen, Buurechuchi, Events) steigen. Der Seeweg führt nun weiter, stellenweise direkt am Wasser, dann wieder über weite Strecken hinter dichtem Schilfgürtel. Bei der Ruetschbergbucht erreichen wir einen idyllisch gelegenen Grillplatz. Wir folgen wieder dem Uferweg und erreichen nach der Überquerung des Kanals einen etwa 100 Meter langen Holzsteg, welchem das Hotel Seerose folgt. Nach einer Stärkung auf der Gartenterrasse spazieren wir an einem malerischen Tümpel vorbei zurück zum Quai in Pfäffikon. Den Weg von hier aus zurück zum Parkplatz kennen wir.

Wetzikon – Uster 12
Farmart und Saurier

Zwei nicht ganz alltägliche Ausflugsziele lernen wir heute auf unserer Wanderung von Wetzikon über Seegräben und Aathal nach Uster kennen – einen Erlebnisbauernhof und das grösste Sauriermuseum der Schweiz. Auch sonst hat der Ausflug einiges zu bieten: das Strandbad am Pfäffikersee, ein Naturschutzgebiet und das Schloss in Uster.

Unsere Route: Kempten – Pfäffikersee – Seegräben – Juckers Farmart – Aathal – Sack – Koppach – Uster.

Wir erreichen Kempten ohne umzusteigen vom Zürcher Hauptbahnhof über Pfäffikon ZH mit der S3.

Auf der A53 bis Ausfahrt Uster-Nord. Weiter über Pfäffikon ZH (Fahrtrichtung Oberwetzikon) nach Auslikon. Parkplätze gibts beim Strandbad.

Die Wanderung ist das ganze Jahr, wenn kein Schnee und Eis liegt, möglich. Im Herbst manchmal Nebel.

Unsere Wanderung dauert, wenn wir es gemütlich nehmen, rund 3 h. Sauriermuseum plus 1–2 h.

Natur- und Wanderwege sowie Quartierstrassen. Zwei kleine Aufstiege, 56 m bergauf, 150 m bergab.

www.sbb.ch (Fahrplan)
www.juckerfarmart.ch
www.sauriermuseum.ch
www.uster.ch

Dieser Baum kann sich frei entfalten und hängt weit in den Pfäffikersee hinein.

Oben: Bauernhaus im Weiler Seegräben. Unten: Frühlingsgefühle, Zeit zum Heiraten.

Fotos: Ronald Gohl

Die beiden innovativen Farmer Beat und Martin Jucker bieten auf ihrem Hof nebst zahlreichen Events auch einen Laden, eine Bäckerei, ein Restaurant und vieles mehr.

Kürbis-Regatta auf dem Pfäffikersee

Biologischer Landbau, integrierte Produktion, landwirtschaftliche Spezialitäten und ein erlebnisorientiertes Umfeld. Dies sind nur einige Stichworte aus dem Leitbild von Juckers Farmart, einen für seine Innovation wohl einmaligen Hof im Zürcher Oberland. Bewusst wird die freundliche und herzliche Begegnung mit den Kunden auf dem Hof gesucht – sei es im Hofladen, im Panoramarestaurant mit Blick auf den Pfäffikersee oder bei zahlreichen Events. Es werden Kinderflohmärkte, Kürbis-Regatten, Puure-Brunches, ein Wildwesttag und vieles mehr veranstaltet.
Wir beginnen unsere Wanderung im Bahnhof von Kemptal, wo wir zunächst dem Gleis Richtung Pfäffikon ZH folgen, dieses überqueren und anschliessend auf der linken Seite des Trassees durchs Kempter Industriequartier rasch bis zum Chämtnerbach vorankommen. Parallel zum gurgelnden Bächlein gehts nun bereits durch schönes Riedland über Mülibach zum Strandbad von Auslikon, wo alle, die mit dem Auto angereist sind, einen Parkplatz finden. Diese legen das erste Teilstück der Wanderung am Schluss zurück. Nun gehts während den nächsten 20 Minuten dem Pfäffikersee entlang, wobei wir die naturnahen Ufer mit ihren grossen Schilfbeständen und der einheimischen Fauna und Flora im Naturschutzgebiet bewundern können. Am Südwestzipfel des Sees zweigen wir zu-

12

nächst rechts ab, um 200 Meter weiter vorne beim Grillplatz den Wegweiser «Juckerfarmart/Seegräben» zu beachten. Wir steigen steil zum Weiler Seegräben auf; den Erlebnishof finden wir, wenn wir bei der Kapelle einen kurzen Abstecher zum Hof unternehmen (ca. 100 Meter). Wieder zurück auf der Dorfstrasse, führt unser Wanderweg am Seegräbner Parkplatz vorbei, über die Strasse und schliesslich ein gutes Stück bergab bis zum Bahnhof von Aathal. Hier haben wir die Möglichkeit, einen Abstecher zum Sauriermuseum zu unternehmen. Dieser führt auf dem Trottoir der Hauptstrasse entlang bis zum Museumseingang. Dort heissen uns zwei Giganten einer verschwundenen Welt willkommen.

Wieder zurück beim Bahnhof, folgen wir der Strasse hinauf nach Sack und biegen bei der ersten Kurve rechts in den Fussweg ein, der nicht beschildert ist. Nach einem kleinen Aufstieg kommen wir zu einer Lichtung, hier erneut rechts dem Waldrand folgend. Kurz vor dem Wohnquartier das dritte Mal rechts, von hier an beachten wir die Wegweiser Richtung Uster. Unser Wanderweg führt durch den Gibelwald nach Koppach und von dort aus durch besiedeltes Gebiet zum Schloss Uster. Nach einem kurzen Abstieg bei der Kirche gehts rechts weiter zum Bahnhof Uster. Mit der S5 fahren wir zurück nach Zürich bzw. nach Wetzikon (mit Anschluss an die S3) nach Kempten.

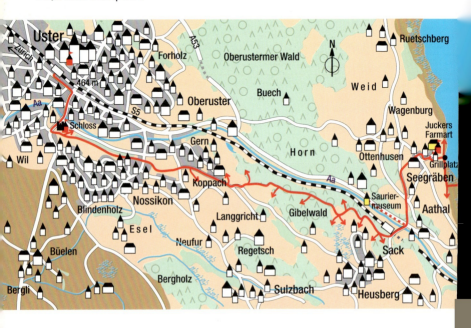

*Oben: Schloss Uster liegt direkt am Weg.
Mitte: Abstecher zum Sauriermuseum.*

tipp:

Sauriermuseum Aathal

Im Gebäude der ehemaligen Baumwollspinnerei von Aathal hat sich das grösste Sauriermuseum der Schweiz eine neue Heimat geschaffen. Wir entdecken Dinosaurier wie den Diplodocus, den Camarasaurus, den gefürchteten Allosaurus oder den berühmten gezackten Stegosaurus und viele weitere beeindruckende Artgenossen. Die lehrreiche Ausstellung auf rund 1500 Quadratmetern begeistert nicht nur Saurierfans; hier wird den verschwundenen Giganten fast wieder Leben eingehaucht. Ein Team von Wissenschaftlern und

Dinoliebhabern hat vor mehr als zehn Jahren das Sauriermuseum Aathal eröffnet. Das Museum verfügt sogar über eine eigene Ausgrabungsmannschaft, die jedes Jahr in den USA unterwegs ist. Öffnungszeiten im Internet beachten!

Sauriermuseum
Zürichstrasse 202, 8607 Aathal
Tel. 044 932 14 18
www.sauriermuseum.ch

Bäretswil – Bauma 13
Rosinli und Stoffel

Bären gibts im Wald von Bäretswil allenfalls in der Form von Beeren. Diese gedeihen am Wegrand dafür reichlich, so dass Leckermäuler im Sommer reichlich auf ihre Kosten kommen. Unsere Wanderung führt uns hinauf zum Rosinli, einem wunderschönen Aussichtspunkt, und noch weiter bergwärts an Hochmooren und Waldlichtungen vorbei zum Stoffel auf 928 m ü. M.

Unsere Route: Bäretswil – Rosinli – Zisetsriet – Stoffel – Bliggenswil – Bauma.

Mit der S5 bis Wetzikon, weiter mit dem Bus 851 bis Bäretswil Bahnhof.

A53 bis Autobahnende in Oberuster, weiter über Wetzikon nach Hinwil. Von dort über Ringwil nach Bäretswil. Parkplatz hinter dem Bahnhof.

Von Mitte April bis Ende Oktober. Auf dem Stoffel darf kein Schnee und Eis liegen (wäre gefährlich).

Die Wanderung dauert, wenn wir es gemütlich nehmen, 2 h 45 min.

Erster Teil auf guten Forstwegen, zweiter Teil schmale, verbuschte Wege, steil bergab – 226 m bergauf, 290 m bergab.

www.sbb.ch (Fahrplan)
www.baeretswil.ch
www.rosinli.ch
www.bauma.ch

Oben: Auf der Kuppe des Rosinlis hat vor einigen Jahren der Sturm Lothar gewütet.

Oben: Walderdbeeren am Wegrand.
Unten: Bunter Bauerngarten in Adetswil.

Fotos: Ronald Gohl

Nach einem längeren Stück durch dichten Laubwald erreichen wir bei Bliggenswil offene Wiesen mit weidenden Kühen.

Mit aussichtsreichem Blick auf die Alpen

Bäretswil (702 m ü. M.) ist eine typische Zürcher Oberländer Landgemeinde, die zahlreiche Ortsteile und über hundert Einzelsiedlungen aufweist. 4500 Einwohner leben hier auf einer Fläche von 22 Quadratkilometern.

Unsere Wanderung beginnt am Bahnhof von Bäretswil, den wir jedoch nur mit dem Bus erreichen. Der Bahnhof dient heute ausschliesslich einer Museums-Dampfbahn. Wir gehen übers Bahngleis am grossen Parkplatz vorbei bis zur Kreuzung mit der katholischen Kirche. Hier biegen wir links ab und spazieren auf dem Trottoir bis zur nächsten Strassenverzweigung. Wir folgen jetzt der Stapfeten-Strasse Richtung Rosinli und kommen sowohl an einem schönen Einfamilienhausquartier als auch am Schulhaus von Adetswil vorbei. Beim Gasthof Frohberg gehts rechts hinauf ins Chatzetöbeli. Nach wenigen Schritten erreichen wir einen Feldweg und beginnen den Aufstieg zum Aussichtspunkt Rosinli. Bei der nächsten Weggabelung weisen beide Schilder zum Rosinli, wir nehmen den Pfad links und geniessen bis zum Waldrand bei klarem Wetter den aussichtsreichen Blick auf die Alpen. Das letzte Stück führt durch den Wald, danach haben wir uns eine Erfrischung im Bergrestaurant Rosinli verdient.

Am Spielplatz vorbei, gehts anschliessend leicht durch den Wald

tipp:

Familienskitag in Bäretswil

Noch vor wenigen Jahrzehnten galt Bäretswil als *das* Winterausflugsziel für die Zürcherinnen und Zürcher. Es gab sogar Extrazüge nach Bäretswil, wo ein kleiner Skilift auf die vielen Sportler wartete. Man war bescheiden und freute sich über die kleine, gepflegte Anlage, die man auch am Nachmittag mit den Kindern noch erreichen konnte.

Dieses Skigebiet gibt es immer noch. Nur hat die Schneeknappheit der letzten Jahre den Liftbetreibern zu schaffen gemacht. Dennoch fiebern die Bäretswiler jeweils mit viel

Enthusiasmus und Engagement der neuen Saison entgegen. Nach den ersten Schneefällen im Dezember werden die Bügel montiert – in der Hoffnung, dass dieses Jahr die Schneedecke für einige Skitage ausreicht.

Skilift Steig
8344 Bäretwil
Info-Tel. 044 939 16 54
www.skiliftbaeretswil.ch

Abstieg vom Stoffel Richtung Bauma – wir blicken nach Norden zum Sternenberg.

Lichtungen, schöne Feldwege, schmale Waldpfade – unsere Tour ist vielfältig.

bergauf Richtung Bauma weiter. Der Sturm Lothar (1999) hat auf der Bergkuppe eine bizarre, baumlose Landschaft hinterlassen. Wir geniessen jetzt die Aussicht auf Bäretswil und finden am Wegrand viele Walderdbeeren.

In Pulten gilt es, den richtigen Weg aus dem grossen Angebot an Richtungen auszuwählen. Wir folgen der Waldstrasse mit Ziel Bauma und kommen an mehreren Lichtungen, zwei Feuerstellen und einem Golfplatz vorbei. Zwischen dem Zisetsriet und dem Stoffel ist die Wegführung nicht immer ganz eindeutig. Deshalb konsultieren wir ab und zu die gelbe Wanderkarte 226 T «Rapperswil» mit rot eingezeichneten Wegen. Wir folgen dem Guyer-Zeller-Weg nach Bauma, steigen den Wald hinauf und achten auf die gelben Rauten an den Bäumen. Nach einer kleinen Holztreppe erreichen wir eine Forststrasse, hier links (keine Markierung). Etwa 200 Meter nach dem Känzeli gelangen wir zu einer weiteren unklaren Weggabelung. Wir nehmen den kleinen Waldpfad, der links zum Stoffel (928 m ü. M.), dem höchsten Punkt unserer Wanderung, hinaufführt. Von nun an gehts durch verbuschte Waldpfade nur noch bergab. Nach dem Abstieg, teils über steile Treppen, erreichen wir den Weiler Bliggenswil. Von hier aus können wir uns wieder den gelben Wegweisern Richtung Bauma anvertrauen. Alles ist gut beschildert, und wir treffen nach weiteren 20 Minuten Marschzeit beim Bahnhof Bauma ein. Mit dem Bus fahren wir über Bäretswil zurück nach Wetzikon.

Rundwanderung Bäretswil 14
Zur Täuferhöhle

Hoch oben auf über 1000 m ü. M. im Fehrenwald versteckten die Girenbader Bauern den Täuferführer Felix Manz (1498–1527) vor der Obrigkeit. Manz, der sich mit dem Reformator Zwingli überwarf, war Mitgründer der Täuferbewegung und starb den Märtyrertod (Hinrichtung durch Ertränken). Heute leben viele Täufer als «Amish people» in über 1200 Siedlungen in den USA.

 Unsere Route: Bäretswil – Stockrüti – Wappenswil – Täuferhöhle – Girenbad – Ringwil – Bäretswil.

 Mit der S5 bis Wetzikon, weiter mit dem Bus 851 bis Bäretswil Bahnhof.

 A53 bis Autobahnende in Oberuster, weiter über Oberwetzikon und Kempten nach Bäretswil. Parkplatz hinter dem Bahnhof.

 Die Wanderung ist von ca. Mitte April bis Mitte November möglich, solange kein Schnee und Eis liegt.

 Unsere Rundwanderung dauert, wenn wir es gemütlich nehmen, rund 3 h 30 min.

 Meist auf Wander- und Waldwegen, zwischendurch auch auf Nebenstrassen – 380 m bergauf und bergab.

 www.sbb.ch (Fahrplan)
www.baeretswil.ch
www.ringwil.ch

Oben: Die bewaldeten Höhenzüge rund um Bäretswil erstrahlen im letzten Abendlicht.

Oben: Hier haben noch Bauern das Sagen.
Unten: Täuferhöhle im Fehrenwald.

Fotos: Ronald Gohl, Jan Mathis, Phillipe Cruz

Ein besonderes Kleinod ist das Ringwiler Seeli. Ein Stauweiher, der wie die meisten Seen rund um Bäretswil einst für die industrielle Stromproduktion angelegt wurde.

Wanderwege vom Jungfraubahn-Erbauer

Die Zürcher Oberländer Gemeinde Bäretswil – im Sommer Ausgangspunkt zahlreicher schöner Wanderungen, im Winter ein kleines Sportparadies mit Skilift, Schlittel- und Winterspazierwegen – hat schon eine ganze Reihe namhafter Persönlichkeiten hervorgebracht. Zum Beispiel Dr. Ludwig Forrer (1845–1921), der als Bundesrat wesentlich zur Elektrifizierung der Schweizer Bahnen im Ersten Weltkrieg beigetragen hat. Ebenfalls ein Eisenbahnpionier und in der ganzen Welt berühmt war der Bäretswiler Adolf Guyer-Zeller (1839–1899), Erbauer der Jungfraubahn. Guyer-Zeller war aber auch ein wohlwollender Patron. Er sorgte dafür, dass rund um Bäretswil und Bauma Wanderwege angelegt wurden, so dass sich die Arbeiter seiner Fabriken am Sonntag wandernd in der schönen Landschaft erholen konnten.

Auf den Spuren von Guyer-Zeller, Ludwig Forrer und Felix Manz wollen wir heute die Umgebung von Bäretswil besser kennenlernen. Vom Bahnhof, den man nur noch mit dem Linienbus der VZO (Verkehrsbetriebe Zürichsee und Oberland) erreicht, wandern wir zunächst ins Tobel zur Mühlestrasse hinunter, hier beachten wir den Wegweiser und zweigen links auf den Industrielehrpfad Richtung Sagi/Stockrüti ab. Wir wandern durch ein Täli ins Bäretswiler Oberdorf, wo wir die Hauptstrasse überqueren. Der

tipp:

Industrielehrpfad

Unsere Wanderetappe Bäretswil–Wappenswil ist Teil des Industrielehrpfades Zürcher Oberland. Auf über 30 Kilometern zwischen Uster und Bauma führt der Weg zu 50 industriegeschichtlichen Sehenswürdigkeiten. Wir entdecken zahlreiche Weiher, die Teil eines komplizierten Wasserschlosses sind, welches einst zur Elektrizitätsgewinnung der Fabriken rund um Bäretswil benötigt wurde. Da ist zum Beispiel der lange Fabrikbau, der dominierend im oberen, östlichen Dorfteil von Bäretswil zu finden ist. Hier produzierte die Webe-

Diese schottischen Hochlandrinder weiden oberhalb von Girenbad.

Mitte: Blick von Ringwil bis zu den Alpen.
Unten: Gepflegt restaurierte Bauernhäuser.

rei Caspar Spörri, welche im Jahr 1856 die erste grosse Webfabrik in der einstigen Handwebergemeinde Bäretswil eröffnete. Die umfangreichen Wasserbauten erschlossen ein Einzugsgebiet von 2,5 Quadratkilometern. Davon sind noch Teile der Druckleitung und drei Weiher erhalten – zuoberst der Sägerei-Weiher, der Stockweiher und ganz unten der Sandbüel-Weiher.

Infos: www.industrielehrpfad-zo.ch

Wanderweg findet auf der anderen Strassenseite entlang dem Bächlein seine Fortsetzung. Es geht bergauf, am Sandbüel-Seelein vorbei, bis wir zum Stauweiher von Stockrüti kommen. Wir folgen dem wenig befahrenen Strässchen bis zum grossen Bauernhof, zweigen bei der ersten Querstrasse links ab, um dann wenige Schritte weiter beim Schulhaus Maiwinkel den Weg rechts zu nehmen. Auf Hartbelag gehts nun weiter bergauf über Wappenswil, bis wir kurz vor dem Hof Holenstein wieder einen Wanderweg erreichen. Bei den Info-Tafeln halten wir links, nehmen den steilen Weg an der Grillstelle vorbei den Wald hinauf bis zur Täuferhöhle. Nun steigen wir eine steile Treppe bis zu einem Waldweg hinauf, wo wir rechts Richtung Allmend/Bachtel abzweigen. Oberhalb von Girenbad kommen wir wieder aus dem Wald, unser Weg führt mitten durch einen Bauernhof, wir achten auf die Beschilderung links. In Girenbad folgen wir der Strasse bis zum Parkplatz am Ende des Weilers, hier führt der Weg hinunter zum Wildbach. Diesem folgen wir flussabwärts bis zur kleinen Brücke, hier entscheiden wir uns für den Weg, der rechts hinauf zum Ringwilerseeli führt. Wir bummeln durch den verschlafenen Weiler Ringwil, zweigen nach dem Schulhaus links ab und nehmen bei Rüti noch die Anhöhe in Angriff, die uns über Boden und Schürli zurück zum Ausgangspunkt in Bäretswil führt.

Pfannenstiel – Forch **15**

Zum Küssnachterberg

Meilen, Küssnachterberg, Goldküste, die teuersten Immobilien der Schweiz – die Klischees für die Region zwischen dem Zürichsee und dem Pfannenstiel sind rasch aufgezählt. Wanderer bevorzugen die weniger im Rampenlicht stehende Hochwacht, um vom Aussichtsturm das Panorama vom Thurgau zum Säntis, Glärnisch und bis weit in die Berner Alpen zu geniessen.

Unsere Route: Hinterer Pfannenstiel – Hochwacht – Pfannenstiel – Vorder Guldenen – Scheuren – Forch.

Mit der S7 bis Meilen, weiter mit dem Bus 922 bis zur Endhaltestelle «Vorderer Pfannenstiel».

Auf der A52 (Forch-Autobahn) bis Ausfahrt Egg. Von dort Richtung Meilen bis Vorderer Pfannenstiel. Parkplatz bei der Bushaltestelle.

Die Wanderung ist das ganze Jahr möglich. Im Winter sind die Wege nach Schneefällen nicht gleich geräumt.

Einschliesslich kleiner Pausen und der Besteigung des Hochwachtturms benötigen wir 2 h 15 min.

Gut ausgebauter Weg, mit Kinderwagen möglich – 126 m bergauf, 173 m bergab.

www.sbb.ch (Fahrplan)
www.pfannenstiel.ch
www.forchbahn.ch
www.meilen.ch

Vom Aussichtsturm Hochwacht blicken wir über Egg ins Zürcher Unterland.

Oben: Hinter der Forch liegt der Greifensee.
Unten: Mit der Forchbahn zurück nach Zürich.

Fotos: Ronald Gohl

Kurz vor dem abgelegenen Bauerngut Vorder Guldenen erreichen wir eine grosse Waldlichtung und wandern auf dem Teersträsschen weiter talwärts.

Wo ist die Pfanne auf dem Pfannenstiel?

Der eine oder andere Besucher hat sich vielleicht schon einmal überlegt, wie der Pfannenstiel zu seinem eigentümlichen Namen kam. Die Antwort finden wir auf dem Wirtshausschild des Restaurants Pfannenstiel. Die Pfanne enthielt ursprünglich Pech, und das Pech diente im 17. Jahrhundert zum Übermitteln von Rauchsignalen. Bei Kriegsgefahr wurden von der Hochwacht aus die Späher auf den benachbarten Bergen, zum Beispiel auf dem Schauenberg (siehe Seite 10), gewarnt.

Unsere Wanderung beginnen wir auf dem Vorderen Pfannenstiel, der Endstation des VZO-Busses der Linie 922. Die ersten Schritte machen wir auf dem Trottoir, nach dem Restaurant Pfannenstiel überqueren wir die Strasse und biegen in eine bergauf führende Nebenstrasse ein. Diese verlassen wir nach etwa 100 Metern und zweigen rechts zum Waldrand hinauf ab. Der Aufstieg ist moderat und wer einigermassen trainiert ist, gerät nicht ausser Atem, zumal die schöne Aussicht für die kleine Strapaze hundertfach entschädigt. Nach einer guten Viertelstunde haben wir das Restaurant Hochwacht erreicht. Auf dieser Seite des Bergrückens blicken wir nun nicht mehr zum Zürichsee und zu den Zentralschweizer Alpen, sondern zum Greifensee hinunter, bis weit ins Zürcher Unterland hinein und hinüber ins Zürcher Oberland mit dem Hörnli und dem

15

Schnebelhorn an der sankt-gallischen Grenze. Am Restaurant vorbei, gehts weiter leicht bergauf, bis wir unter dem Hochwachtturm stehen. Der ehemalige Bachtelturm (Baujahr 1893) wurde erst im Sommer 1992 auf dem Pfannenstiel wieder aufgebaut, nachdem er sieben Jahre lang nutzlos herumlag. Der aus Stahl und Grauguss genietete Turm besteht aus acht Plattformen und fand Eingang ins Inventar der schützenswerten Bauten im Kanton Zürich. Wir können auf den Turm steigen, das atemberaubende Panorama geniessen und neben dem Bauwerk unsere Rucksack-Würste auf dem Feuer grillieren.

Nach dieser Rast gehts Richtung Norden weiter, zunächst wieder leicht bergauf an der zweiten Feuerstelle am Waldrand vorbei. Schon nach wenigen Schritten haben wir auf 853 m ü. M. den höchsten Punkt unserer Wanderung erreicht. Von nun an gehts nur noch geradeaus oder abwärts. Wir folgen dem Wegweiser Richtung Forch und beachten auch die gelben Markierungen an den Bäumen. Nach einer kurzweiligen Wanderung durch den Wald erreichen wir bei der Höchi die grosse Lichtung von Vorder Guldenen. Der Bauernhof mitten auf dem Pfannenstiel ist trotz der Stadtnähe idyllisch gelegen. Wir entscheiden uns bei der Strassengabelung für den Weg rechts, der parallel zur Strasse und über Scheuren zur Forch führt. Mit dem Forchbähnli fahren wir zurück zum Bahnhof Stadelhofen, wo Anschluss an die S-Bahn besteht (z. B. um mit der S7 nach Meilen zurückzukehren).

Sollen wir bei Vorder Guldenen den Weg links oder rechts zur Forch nehmen?

Acht Plattformen und eine Wendeltreppe gilt es beim Hochwachtturm zu bezwingen.

tipp:

Restaurant Krone, Forch

Müde, aber glücklich, durstig und vielleicht hungrig erreichen wir den Bahnhof Forch. Überspringen wir doch einen oder zwei Züge, spazieren zwei Minuten Richtung General-Guisan-Denkmal, dort erwartet uns der Gasthof Krone. Der ideale Ort, um unseren Durst oder Hunger zu stillen. Erbaut wurde der traditionsreiche Gasthof im Jahr 1783 als Station für Postkutschen und deren Gäste auf dem Weg von und nach Zürich.

Wir können an einem heissen Sommertag den Schatten unter den Bäumen im Gartenrestaurant ge-

niessen und nach der Nachmittagswanderung ein feines Nachtessen bestellen. Oder wir kommen wieder: Mit der Familie, mit Geschäftsfreunden und reservieren einen Tisch im Kronensaal oder im General-Guisan-Stübli.

Gasthof Krone
Hans & Amelia Schiess
8127 Forch
Tel. 044 918 01 01
www.kroneforch.ch

Anfassen erwünscht! **16**

Tram-Museum

Gegen 20 Originalfahrzeuge aus den Jahren 1897 bis 1960, Motoren, Uniformen, Billettautomaten, eine grosse Modell-Tramanlage, ein rollendes Baby-«Cobra» und vieles mehr: Aus dem alten Depot Burgwies ist ein wandelbarer Raum geworden, der für jedes Alter, jedes Interesse und jeden Sinn etwas bereithält.

Das Tram-Museum befindet sich an der Forchstrasse 260 im Südosten der Stadt Zürich.

Mit dem Tram 11 direkt vom Hauptbahnhof (Haltestelle Bahnhofstrasse) Richtung Rehalp bis Burgwies.

Mit dem Auto fahren wir vom Zentrum Richtung Forch. Parkplätze beschränkt vorhanden.

April bis Oktober, Mi–Fr, 14.00–17.00 Uhr, Sa, 13.00–18.00 Uhr, So, 13.00–17.00 Uhr; November bis März, So, 13.30–16.30 Uhr.

Nebst dem etwa ein- bis zweistündigen Besuch im Tram-Museum lohnt sich eine Fahrt auf der Museumslinie 21. Fahrplan im Internet.

Für Gruppen organisiert das Tram-Museum alles vom Apéro über den Imbiss bis zum grossen Dinner.

Tram-Museum Zürich
Forchstrasse 260
8008 Zürich
Tel. 044 380 21 62
www.tram-museum.ch

Bunte Fahrzeugparade vor dem Tram-Museum im Depot Burgwies.

*Mitte: Junger Freiwilliger als Kondukteur.
Unten: Für Kinder ein lohnendes Ausflugsziel.*

Fotos: Tram-Museum

Die alten Trams der ersten Stunde sind zwar historisch, aber längst nicht ausrangiert. Regelmässig finden auf der Museumslinie 21 Nostalgiefahrten statt.

Mit Ausdauer und Herzblut

Es begann mit einfachen Werkzeugen und viel Herzblut. 1967 haben sich ein paar Liebhaber des Züri-Trams in der ungeheizten hinteren Remise der Burgwies zusammengetan. Sie restaurierten alte Strassenbahnwagen und sammelten Dokumente zur Geschichte des Züri-Trams. Im Zentrum steht der Mensch – umgeben von Objekten aus verschiedenen Zeiten. Sie sind als Besucherin und Besucher dazu eingeladen, sich umzuschauen und Sachen anzufassen. Fühlen Sie das Tram, hören Sie den Verkehr. Das Museum erzählt von der Stadtentwicklung, von den grossen Veränderungen durch die Industrialisierung, von der modernen urbanen Mobilität mit öffentlichen Verkehrsmitteln. Und das mit immer wieder neuen Exponaten, veränderten Wagenanordnungen, aktuellen Themen und Wechselausstellungen. Der Museumsshop führt ausserdem ein breites Angebot an Fachliteratur, Postkarten, Modellen und Souvenirartikeln. Ein Teil der Museumsflotte – das älteste Fahrzeug mit Baujahr 1897 – fährt auf der Museumslinie 21. Diese wurde eigens auf dem Netz der Verkehrsbetriebe Zürich (VBZ) eingerichtet und verbindet (von April bis Oktober jeweils am letzten Wochenende des Monats) die Burgwies mit der Innenstadt. Die Museumslinie wird vom Verein Tram-Museum betrieben und ist sicher Zürichs schönste Tramlinie.

Nordamerika Native Museum 17
Indianer und Inuit

Im Zürcher Nordamerika Native Museum (NONAM) entdecken wir viel Wissenswertes über die Kultur und das Leben der Indianer, der «Native Americans» und «First Nations», wie man sie korrekt nennt, und auch der «Inuit», die vielen als «Eskimos» bekannt sind. Die Ausstellung eignet sich auch sehr gut für Familien mit Kindern.

Das Nordamerika Native Museum befindet sich an der Seefeldstrasse 317, südlich vom Zentrum.

Vom HB Zürich mit S6/S16 oder Tram 4, vom Bellevue mit Tram 2/4 bis Tiefenbrunnen. Von dort wenige Gehminuten zum NONAM.

Von der City zum Bellevueplatz, weiter in Richtung Rapperswil, Parkplätze beim Bahnhof Tiefenbrunnen.

Samstag, Sonntag und Feiertage, 10.00–17.00 Uhr, Dienstag bis Freitag, 13.00–17.00 Uhr, Mittwoch, 13.00–20.00 Uhr, Montag geschlossen.

Rund eine Stunde. Wer in der Spiel- und Leseecke verweilt, bleibt etwas länger.

In der kleinen Cafeteria gibts Kaffee, kalte Getränke und Gebäck.

Nordamerika Native Museum
Seefeldstrasse 317
8008 Zürich
Tel. 043 499 24 40
www.nonam.ch

Malereien und Masken von den Indianern der Nordwestküste.

Mitte: Animierter Indianertanz für Kinder.
Unten: Federschmuck aus den «Plains».

Fotos: NONAM

Zwischen Birkenstämmen und Kanus erfahren wir mehr über das Leben der Ureinwohner Nordamerikas in subarktischen Lebensräumen.

Ohne falsche Romantik

Das Nordamerika Native Museum eignet sich gut als kulturgeschichtliche Entdeckungsreise für interessierte Kinder in Begleitung ihrer Eltern. Ohne falsche Romantik erhalten wir gut verständlichen Einblick in die Lebensformen der nordamerikanischen Indianer und Inuit. Federschmuck, Felle, Pelze, Masken, Bootsmodelle aus Birkenrinde und vieles mehr gibt es zu bewundern. Mit wechselnden und aktuellen Themen öffnet das NONAM in den Sonderausstellungen ein Fenster zum heutigen Leben der Indianer und Inuit Nordamerikas.

Dank der Unterstützung der kanadischen und amerikanischen Botschaft kann das Museum immer mehr indigenen Künstlerinnen und Künstlern eine kulturelle Plattform bieten. Ausserdem kooperiert es mit verschiedenen Institutionen und Organisationen, die sowohl den indigenen Kulturen Nordamerikas wie auch dem NONAM im Sinne einer engagierten und kritischen Museumsarbeit verbunden sind. Zum Beispiel dem Völkerkundemuseum der Universität Zürich, dem Linden-Museum in Stuttgart, Incomindios (Internationales Komitee für die Indianer Amerikas) und EDAI (Economic Development for Amerindians).

Tropischer Regenwald und Löwen **18**

Abenteuer Zoo Zürich

Hoch über der Stadt Zürich erwartet uns der 11 000 Quadratmeter grosse Masoala-Regenwald. Hautnah erleben wir darin das ganze Jahr eine feuchtwarme, tropisch duftende Oase. Nicht weit davon brüllen Löwen, Tiger und Schneeleoparden in ihrer artgerechten Anlage. Es sind schon mehrere Nachmittage notwendig, um das Zooparadies zu entdecken und zu erleben.

 Den Zoo Zürich finden wir auf dem Zürichberg hoch über der grössten Stadt der Schweiz auf 609 m ü. M.

 Mit dem Tram der Linie 6 von der Haltestelle Bahnhofstrasse bis zur Endstation Zoo.

 A1 Ausfahrt 65 Dübendorf, weiter über Gockhausen zum Zoo. Parkplätze vor dem Zoo.

 Das ganze Jahr; von März bis Oktober, 9.00–18.00 Uhr, von November bis Februar, 9.00–17.00 Uhr, Masoala-Regenwald immer ab 10.00 Uhr.

 Der Zoo ist so gross, dass wir bei einem Nachmittagsbesuch Schwerpunkte setzen müssen.

 Nebst zwei Picknickplätzen finden die Zoo-Besucher auch vier Restaurants an verschiedenen Orten.

 Zoo Zürich
Zürichbergstrasse 221
8044 Zürich
Tel. 0848 966 983
www.zoo.ch

Oben: Wo der Löwe wohl steckt? Gespannt halten die Kinder Ausschau.

Mitte: Für Leute mit Handicap gilt freie Fahrt.
Unten: Die Wölfe fühlen sich ungestört.

Fotos: Ronald Gohl, Zoo Zürich

Im Masoala-Regenwald suchen wir den Roten Vari. Diesen Halbaffen entdecken wir wegen seinem roten Fell leicht im grünen Blätterwerk.

30 Tierarten und ein feucht-heisses Klima

Der Masoala-Regenwald braucht viel Feuchtigkeit, wird zu unserem Glück aber nur ausserhalb der Besucherzeiten beregnet. Rote Varis, Pantherchamäleons, Rodrigues-Flughunde und Vasapapageien sind nur einige der über 30 Tierarten, die sich im Regenwald frei bewegen. Nehmen wir uns Zeit, die Tiere in ihrer natürlichen Umgebung zu beobachten und die exotische Pflanzenwelt zu entdecken. Das Erlebnis im Masoala-Regenwald ist schon alleine wegen des besonderen, feucht-heissen Klimas ein Leckerbissen für sich. Der Zoo Zürich hat seit seiner Gründung im Jahre 1929 eine grosse Wandlung vollzogen. Das Gelände wurde nicht nur von 7 auf 27 Hektaren erweitert. Die klassische Tierhaltung in Gehegen weicht immer mehr grosszügigen, der Natur nachempfundenen Anlagen. In diese verschiedenen Lebensräume tauchen auch die Besucher ein und erleben die Zootiere in ihrem natürlichen Umfeld. 3419 Tiere und 350 verschiedene Arten können im Zoo Zürich entdeckt werden. Besonders beliebt bei Familien mit Kindern sind die Pinguinspaziergänge zwischen November und Februar: Wenn es kälter als 10 Grad ist, können wir die Pinguine täglich ab 13.30 Uhr begleiten. Ebenso unvergesslich ist der Aufenthalt im Masoala-Restaurant. Durch ein Panoramafenster beobachten wir die Tiere im Regenwald.

Bubikon – Rapperswil **19**

Egelsee und Rosengarten

Ob wir im Ritterhaus von Bubikon alte Rüstungen und Hellebarden bewundern, uns im Egelsee beim Baden erfrischen oder im Rosengarten Rapperswil die bezaubernden Gärten fotografieren – die Wanderung von Bubikon nach Rapperswil bietet zahlreiche Höhepunkte, die rasch einen Nachmittag oder sogar einen ganzen Tag ausfüllen.

Unsere Route: Bubikon – Ritterhaus – Egelsee – Barenberg – Rüssel – Kempraten – Rapperswil.

Wir erreichen Bubikon von Zürich und Rapperswil aus im Viertelstundentakt mit der S5 und S15.

Auf der A52 zum grossen Kreisel Betzholz bei Hinwil, weiter auf der A53 bis Ausfahrt Dürnten. Den Schildern nach Bubikon folgen. Parkplätze beim Bahnhof.

Die Wanderung ist das ganze Jahr möglich. Die Badi am Egelsee ist von Mai bis September geöffnet.

Unsere Wanderung dauert ohne Abstecher zum Ritterhaus, in die Badi oder den Rosengarten 1 h 30 min.

Meist breite Wander- und Forstwege, in Rapperswil Quartierstrassen – 30 m bergauf, 133 m bergab.

www.sbb.ch (Fahrplan)
www.bubikon.ch
www.ritterhaus.ch
www.rapperswil.ch

Schon von Weitem zu erkennen: das zinnengekrönte Ritterhaus Bubikon.

Mitte: Erfrischendes Bad im blauen Egelsee.
Unten: Blick über Bubikon zum Bachtel.

Fotos: Ronald Gohl

Rosenstadt Rapperswil: Nicht nur im Rosengarten, selbst beim Yachthafen gedeihen Rosen in allen Farben.

Zwei Rosen im Wappen, drei Rosengärten

Zwei Rosen zieren nicht nur das Wappen der Rosenstadt Rapperswil, im Jahre 1958 beschloss der Verkehrsverein, mehr Rosen in die Rosenstadt zu bringen. Heute blühen beim Kapuzinerkloster 3000 Rosen von 150 Sorten. 1974 entstand beim Einsiedelhaus ein weiterer Rosengarten, und schliesslich schufen die Blumenfreunde noch den Duftrosengarten für Seh- und Mobilitätsbehinderte über der städtischen Schanz-Tiefgarage.

Bis wir Rapperswil und seine Rosengärten erreichen, müssen wir noch einen tüchtigen Fussmarsch zurücklegen. Wir beginnen unsere Wanderung beim Bahnhof Bubikon, den wir bequem mit der S5 bzw. S15 direkt von Zürich oder Rapperswil aus erreichen. Zunächst gehen wir auf dem Trottoir an der Agrola-Tankstelle vorbei in Richtung Ritterhaus, wo wir uns bereits den ersten Abstecher ins Reich der alten Rüstungen überlegen. Besonders für Kinder ist der Besuch im Ritterhaus reizvoll. Für sie gibts einen speziellen Rundgang und eine spannende Broschüre. Vielleicht können wir die dadurch verlorene Zeit mit der Handdraisine wieder aufholen? Am Wochenende fährt manchmal ein älterer Herr mit seiner Draisine auf der stillgelegten Bahnlinie zum Egelsee. Gegen ein kleines Entgelt werden auch Passagiere mitgenommen. Falls keine Mitfahrgelegenheit besteht, nehmen wir das Strässchen, das vom Ritterhaus in Richtung Südwesten führt. Unterhalb des Hügels Chapf überqueren wir vorsichtig die Hauptstrasse und steigen dann auf einem schmalen Weglein zu einem Panoramaplatz hinauf, wo wir einen herrlichen Ausblick aufs Zürcher Oberland geniessen. Weiter gehts entlang von Maisfeldern und Weinbergen. Nach einem kleinen Abschnitt durch den Wald und vorbei an Einfamilienhäusern unterqueren wir die stillgelegte Bahnlinie. Nach einem kleinen Biotop mit Tümpel gelangen wir zur Strasse Rüti–Wolfhausen. Gleich danach erwartet uns der Egelsee mit seinem herrlichen Strandbad. Bei der Y-Verzweigung nach der Badi nehmen wir den Weg rechts, der durchs Naturschutzgebiet zum Weiler Barenberg führt, hier gehts an der Scheune mit Hunderten Tauben vorbei auf einen Feldweg, der oberhalb von Rüssel in eine Nebenstrasse mündet. Nun spazieren wir auf Hartbelag weiter, zunächst auf dem Trottoir zu den neuen Häusern von Rotenweg. Beim Zebrastreifen nehmen wir das asphaltierte Weglein und gehen nun mal links, mal rechts die Quartierstrassen hinunter. Dabei gehts auch über den Pausenhof eines Schulhauses. Bei der katholischen Kirche nehmen wir die Strasse zur Kreuzung beim Gasthaus Krone – hier geradeaus und weiter durch Quartierstrassen, die Bahnlinie und Hauptstrasse querend, bis wir ein Stück dem See entlang zum Kapuzinerkloster von Rapperswil gelangen. Beim Bahnhof nehmen wir die S5/S15 zurück nach Bubikon bzw. Zürich.

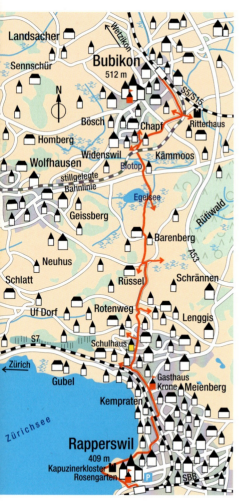

Mannshohe Sonnenblumen begrüssen uns direkt am Wanderweg bei Chapf.

Ein kurzer Abstecher in den Rosengarten lohnt sich nicht nur für Blumenliebhaber.

tipp:

Ritterhaus Bubikon

Was wissen wir über die Kreuzzüge? Wer kennt den Johanniterorden? Was haben Safran, Zimt und Muskatnuss mit den Rittern gemeinsam? Dies und vieles mehr erfahren wir im Ritterhaus Bubikon. Das mittelalterliche Anwesen zwischen Zürichsee, Greifensee und Pfäffikersee blickt auf eine mehr als 800-jährige Geschichte zurück. Heute ist das Ritterhaus Bubikon nicht nur romantische Kulisse für Hochzeiten, Konzerte und Firmenanlässe. Das herrschaftliche Ritterhaus kann besichtigt werden. Ein spezieller Kinderrundgang unter

dem Motto «Seefahrt, Zimt und Schwalbenschwanz» lädt vor allem Familien zu einem Abstecher in die Vergangenheit ein. Dazu gibts ein Begleitheft mit schönen Zeichnungen und interessanten Geschichten. An sechs speziell gestalteten Tischen erfahren die Kids auch, wie der Zimt nach Europa kam.

Ritterhaus Bubikon, 8608 Bubikon
Tel. 055 243 12 60
www.ritterhaus.ch

Präsentiert vom Gasthof Hirschen:
Grüningen – Hombrechtikon

20

Erlebnisse am Lützelsee

Bis zu zwölf Storchenpaare brüten jedes Jahr beim Hasel-Bauernhof am Lützelsee. Sie lassen sich von den vielen Wanderern, Velofahrern und der Besenbeiz kaum stören. Der Lützelsee gilt als beliebtes Naherholungsziel, das wir mit einer Wanderung von Grüningen über Adletshusen kombinieren können. Dabei lohnt sich zunächst ein Rundgang durch Grüningen.

 Unsere Route: Grüningen – Adletshusen – Lützelsee – Hombrechtikon.

 Mit der S5 bis Wetzikon, weiter mit dem Bus 867 bis Grüningen, Haltestelle «Im Haufland».

 Auf der A52 (Forch-Autobahn) bis Ausfahrt Oetwil. Von dort Richtung Rüti bis Grüningen. Gebührenfreier Parkplatz eingangs Städtli.

 Die Wanderung ist das ganze Jahr, wenn kein Schnee und Eis liegt, möglich.

 Einschliesslich kleiner Pausen und Rundgang durch Grüningen benötigen wir rund 2 h.

 Gut ausgebauter Weg, mit Kinderwagen möglich. Leichte, kaum spürbare Höhenunterschiede.

 www.sbb.ch (Fahrplan)
www.grueningen.ch
www.ov-hombrechtikon.ch

Grüningen hat ein mittelalterliches und intaktes Stadtbild vorzuweisen.

Oben: Weiler Adletshusen. Unten: Der Rundweg am Lützelsee ist sehr beliebt.

Fotos: Ronald Gohl

Vor 10 000 Jahren zog sich der Linthgletscher zurück. Er hinterliess sogenanntes Toteis, welches später zu einem See wurde – dem Lützelsee bei Hombrechtikon.

Der Ort, wo die Störche nisten

Grüningen mit seinem mittelalterlichen Schloss, dem Städtli und den romantischen Riegelhäusern ist allein schon einen Ausflug wert. Aus diesem Grund dürfen wir uns den kleinen Rundgang durch den Ort gleich nach der Ankunft nicht entgehen lassen. Im Gasthof Hirschen können wir uns für die bevorstehende Tour stärken. Unsere Wanderung beginnt gegenüber der Zürcher Kantonalbank, wo beim Zebrastreifen der Wegweiser zum Lützelsee zu beachten ist. Wir nehmen den Weg entlang den Hecken, der leicht bergauf führt, unter die Füsse. Nach etwa 50 Metern tauschen wir den Hartbelag mit einem Kiesuntergrund und spazieren an Gärten von Einfamilienhäusern vorbei bis hinunter zu einem ersten Naturschutzgebiet – dem Töbeliweiher. Wir queren den Tränkibach auf einer Brücke und steigen nach Itzikon, einem Ortsteil von Grüningen, hinauf. Nachdem wir links in die Strasse eingebogen sind, verlassen wir diese bereits nach etwa 100 Metern wieder und setzen unsere Wanderungen rechts über die Brugglen-Strasse fort. Nach wenigen Schritten lassen wir den Ort hinter uns und geniessen die Aussicht auf den Bachtel. Nun gehts über bequeme Feldwege, sogar das Schieben eines Kinderwagens bereitet keinerlei Mühe. Wir beachten dabei die Wegweiser und die an den Bäumen angebrachten gelben Wegzeichen. Nach dem Brugglenhof bleiben wir auf dem Weg und zweigen nicht rechts in den Wald hinauf ab. Erst die nächste Wegverzweigung führt uns rechts dem Waldrand folgend leicht bergauf. Bei der nächsten Abzweigung beachten wir den Wegweiser am Telefonmast. Sind wir richtig gegangen, erreichen wir nach einigen hundert Metern den kleinen Waldweiler Reipen. Hier wohnen nicht nur der Bauer, sondern auch einige Städter, die sich feudale Landhäuser gebaut haben. Wir durchqueren die Häusergruppe und spazieren auf dem Feldweg einige Minuten weiter bis zur Strasse. Parallel zur Fahrbahn führt ein Fuss- und Radweg, diesen können wir benutzen und erreichen kurz darauf das schon etwas verblichene Ortsschild von Adletshusen. Beim Bauernhof mit den Rössliwagen schwenken wir rechts in die asphaltierte Richttann-Strasse ab, und nach einem kleinen Anstieg erspähen wir auf der Anhöhe zum ersten Mal den Lützelsee. Am Waldrand dürfen wir rechts den geschotterten Wanderweg nicht verpassen. Es ist alles gut beschildert, und so treffen wir bald in Hasel, dem Ort, wo die Störche nisten, ein. Nach einer kleinen Erfrischung gehts weiter rund um den Lützelsee. Vielleicht verweilen wir aber noch etwas und beobachten die Anmut der Störche. Der Rundweg führt zum Weiler Lutikon, wo wir vor dem Parkplatz links abzweigen und an dem prächtigen Riegelhaus vorbei zur Badi wandern. Hier wäre wahrscheinlich eine Abkühlung fällig. Es bleibt das kurze Stück bis Hombrechtikon. Dazu gehen wir auf dem Kiesweg bis zur Kreuzung und steigen die Hohle Gasse hinauf. Wenn wir den Wegweisern richtig gefolgt sind, erreichen wir bald die ersten Wohnblöcke. Bei der Hauptstrasse links bis zur Bushaltestelle Metzgerei Odermatt. Mit dem Bus 880 bis Bubikon und mit der S5 zurück nach Wetzikon.

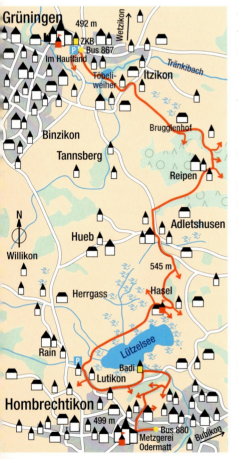

Besonders beliebt ist die Badi am Lützelsee, wo auch Ruderboote zu vermieten sind.

Dieses prächtige Riegelhaus steht nicht etwa im Freilichtmuseum, sondern in Lutikon.

tipp:

Gasthof Hirschen, Grüningen

Der renommierte Gasthof mit seinen geschmackvoll eingerichteten, historischen Räumen stellt den idealen Rahmen dar für Ihre Geschäfts- und Familienfeier oder für ein romantisches Tête-à-Tête. Der grosse Hit für die jüngeren Gäste ist das lässige Kinderspielzimmer.

Die Küche des Gasthofes Hirschen bietet Ihnen eine «Cuisine fantastique», eine leichte, bekömmliche Küche mit saisonalen, frischen Produkten, die – soweit möglich – aus der näheren Umgebung bezogen werden. Aus diesen Produkten werden

vom Hirschen-Team mit viel Herz und Fingerspitzengefühl Gerichte zubereitet, die Sie begeistern werden.

Gasthof Hirschen
Familie A. Zurbuchen
Stedtligasse 16, 8627 Grüningen
Tel. 044 935 11 65
www.zurbis-hirschen.ch
info@zurbis-hirschen.ch

Fischenthal – Wald 21
Waldtal am Jonabach

Bis im Februar 2006 war Fischenthal ein ruhiges, idyllisches Dörfchen im Zürcher Oberland. Nachdem die beiden Fischenthaler Brüder Simon und Philipp Schoch olympisches Gold und Silber im Parallel-Slalom gewannen, wurde das Tösstal auf der ganzen Welt bekannt. Aber auch im Sommer hat die Region mit ihrem gut ausgebauten Wanderwegnetz viel zu bieten.

Unsere Route: Fischenthal – Fischtel – Gibswil – Neutal – Aatal – Jonatal – Haltberg – Wald.

Mit dem Thurbo (S26) fahren wir von Winterthur oder Rapperswil (S7 ab Zürich) direkt nach Fischenthal.

Via A52 und A53 von Zürich bis Ausfahrt Dürnten. Von dort aus der Beschilderung nach Wald folgen. Am Bahnhof parkieren und mit der S26 zum Ausgangspunkt Fischenthal fahren.

Die Wanderung ist von April bis November, wenn kein Schnee und Eis auf den Wegen liegt, möglich.

Die Wanderung dauert, wenn wir es gemütlich nehmen, 2 h 30 min.

Teils breite Forststrassen, aber auch schmale Wanderpfade – 79 m bergauf, 202 m bergab.

www.sbb.ch (Fahrplan)
www.fischenthal.ch
www.sunneland-oberland.ch
www.sprungschanze.ch

Nach einem kleinen Aufstieg haben wir den Weiler Haltberg oberhalb Walds erreicht.

Oben: Reiche Flora im Hochmoor Gibswil.
Unten: Der Weg ist auch bei Familien beliebt.

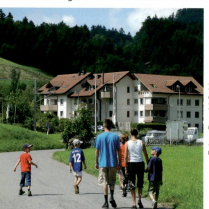

Fotos: Ronald Gohl

Zwischen Fischenthal und Gibswil begegnen wir den beiden zusammengekoppelten Thurbo-Triebwagen der S26 Winterthur–Rapperswil.

Wanderspass im Sunneland-Oberland

Sunneland-Oberland nennt sich die örtliche Tourismusregion, welche für ihre Ausflugsziele in Fischenthal, Wald und Goldingen wirbt. Das wertvollste Kapital der Region ist die Landschaft, die sich vielerorts in einsamen Seitentälern und auf abgelegenen Gehöften noch urtümlich präsentiert. Fischenthal und Gibswil gelten als Hochburg des Wintertourismus im Zürcher Oberland. Langlaufloipen, Skilifte, Winterwanderwege und Sprungschanze zählen zu den Highlights.

Wir wollen die Region im Sommer erkunden und beginnen unsere Wanderung am kleinen Bahnhof von Fischenthal, wo uns der Wegweiser zunächst zur Hauptstrasse dirigiert. Wir folgen dem Trottoir leicht bergauf bis zur Kirche und dem Gasthaus Blume, bei der Kreuzung zweigen wir leicht links in die Alte Fistelstrasse ab. Nach einigen weiteren Schritten kommen wir zum Alters- und Pflegeheim Geeren, wo wir leicht bergauf zu einer Querstrasse gelangen. Auf dieser überqueren wir die Bahnlinie und erreichen den Weiler Fischtel. Am Restaurant Freieck vorbei, gehts weiter in eine Quartierstrasse mit Einfamilienhäusern. Unser Weg, vorläufig noch asphaltiert, verläuft parallel zum Bahntrassee. Beim Bauernhof Langwisli wechseln wir auf die andere Seite vom Gleis und setzen unsere Wanderung auf einem Naturweg fort. Weiter südlich mün-

tipp:

Gibswiler Stube

Auf halben Weg unserer Wanderung liegt praktisch direkt an der Route die einladend wirkende Gibswiler Stube – zwei Gehminuten vom Bahnhof Gibswil entfernt. Eine blumengeschmückte Sonnenterrasse mit grossen Schirmen, dazu gemütliche Loungesessel – hier lassen wir uns für einige Augenblicke gerne nieder und geniessen das dörfliche Leben bei einem kühlen Getränk oder einem feinen Coupe. Die Gibswiler Stube bietet aber noch mehr. Ob Familien- oder Firmenanlass, die motivierte Crew verwöhnt ihre Gäste mit einem täglich wechselnden

Wir queren mehrmals vorsichtig das Gleis der Tösstaler Thurbo-Eisenbahnlinie.

In Wald wurden zahlreiche historische Industriebauten sorgfältig restauriert.

Mittagsmenü oder einem gemütlichen Landgasthaus-Abendessen. Daneben gibts in der Gibswiler Stube einen Kinderspielplatz mit Santa-Fé-Eisenbahn zum Mitfahren und wendigen Autoscootern. Bei schlechtem Wetter steht für die Kleinen ein Kinderspielzimmer mit Minikino zur Verfügung.

Gibswiler Stube
Tösstalstrasse, 8498 Gibswil
Tel. 055 245 22 42
www.gibswilerstube.ch

det unser Weg in die Hauptstrasse, der wir auf einer Länge von etwa 300 Metern folgen. Beim Bahnhof Gibswil entdecken wir einen Handarbeitsladen, der einheimische Produkte verkauft. Wir gehen am Parkplatz vorbei, queren die Bahn erneut und biegen rechts in eine Nebenstrasse, die uns zur Sprungschanze führt. Die Ganzjahresanlage in Gibswil ist die einzige grössere Skisprungschanze im Kanton Zürich. Nach der Schanze gehts leicht rechts hinunter und über die Bahn-Überführung. Gleich anschliessend setzen wir unseren Weg auf einem nur noch fussbreiten Pfad fort, der an einem Weiher vorbei in eine kleine Waldschlucht mündet, wo der Jonabach rauscht. Beim nächsten Bauernhof führt uns der Wegweiser auf einen Trampelpfad, der uns über eine Wiese zum Weiler Neutal bringt. Nachdem wir den Bach auf einem schmalen Brücklein überquert haben, gehts geradeaus auf Hartbelag weiter. Wir kommen zum Bauernhof Aatal, wo wir links am Hühnerhof vorbei in einen Feldweg einschwenken. Nach der Durchquerung eines stillen Tals, wo schottische Hochlandrinder weiden, wechseln wir kurz vor Jonatal wieder auf die linke Seite der Tösstalbahn und steigen kaum spürbar zum Weiler Haltberg auf. Hier erreichen wir eine Nebenstrasse und beginnen mit dem Abstieg nach Wald. Dabei beachten wir die Wegweiser und Abkürzungen, die uns an historischen Industriebauten vorbei zu unserem Ziel, dem Bahnhof Wald, bringen. Bemerkenswert ist die Nutzung alter Bausubstanz: Hier eine Bioengineering-Firma, dort ein Loft oder ein Hotel – die Innovation ist vielfältig.

Wald – Deggleregg – Rüti 22
Höhenweg am Batzberg

Der Batzberg, gerade mal 774 Meter hoch, ist der Hausberg der Bewohner von Wald und Rüti. Auf unserer Wanderung lernen wir diese beiden Gemeinden und ihren Berg besser kennen. Sogar eine Stiftung «Pro Lebensraum Batzberg» wurde im Jahr 2007 gegründet. Sie bezweckt die Förderung der natürlichen Artenvielfalt, unter anderem auch auf dem Batzberg.

Unsere Route: Wald – Nüholz – Güntisberg – Mettlen – Deggleregg – Weierbach Niggital – Rüti.

Mit dem Thurbo (S26) fahren wir von Winterthur oder Rapperswil (S7 ab Zürich) direkt nach Wald.

Via A52 und A53 von Zürich bis Ausfahrt Dürnten. Von dort aus der Beschilderung nach Wald folgen. Parkplätze am Bahnhof.

Das ganze Jahr möglich, nach Schneefällen werden die Wege im Wald jedoch nicht gepfadet.

Die reine Wanderzeit zwischen Wald über die Deggleregg nach Rüti beträgt rund 2 h.

Meist breite Forstwege, Aufstieg nach Nüholz über die Wiese – 146 m bergauf, 260 m bergab.

www.sbb.ch (Fahrplan)
www.sunneland-oberland.ch
www.wald-zh.ch
www.rueti.ch

Diese Panoramabank sollten wir uns merken, sie befindet sich östlich des Batzbergs.

Oben: Wald wird mit dem Thurbo erreicht.
Unten: Aufstieg über Wiesen bei Nüholz.

Fotos: Ronald Gohl

Stille Waldabgeschiedenheit auf der Deggleregg. Unser Weg führt vorbei an Lichtungen mit Hochmooren und durch dichten Nadel- und Laub-Mischwald.

Zwei sehenswerte Dörfer und ein Berg

Im meist nebelfreien Tal der Jona liegt zwischen Bachtel, Scheidegg und Batzberg die 8800 Einwohner zählende Gemeinde Wald. Der reizvolle Talboden, in welchen sich das Dorf bettet, ist umgeben von dichten Wäldern und sanften Hügelzügen. In Wald lässt es sich gut leben. Der Dorfkern erinnert an die erste Industrialisierung und weist viele schöne Bauten auf. Die Bahnhofstrasse ist zugleich Einkaufszentrum und Begegnungszone. Fussgänger haben Vortritt, es gilt Tempo 20.

Wir beginnen unsere Wanderung am Bahnhof Wald und können je nach Lust und Laune entweder vor oder nach der Wanderung noch etwas «lädele». Wir beachten den Wegweiser am Bahnhof und folgen der Beschilderung nach Güntisberg. Ein Aufstieg von 35 Minuten und 146 Höhenmetern erwartet uns. Doch zunächst gehen wir auf der Bahnhofstrasse in westlicher Richtung an der Agrola-Tankstelle vorbei zur Hauptstrasse hinunter. Wir unterqueren die Bahn und benützen, wenige Schritte weiter, beim Zentralhof den Zebrastreifen. Nach einigen Metern auf dem Trottoir biegen wir bei der nächsten Quartierstrasse rechts ab. Der Güntisbergstrasse bleiben wir allerdings nur 200 Meter treu, der Wegweiser dirigiert uns in die Felsenkellerstrasse. Vorbei an Wohnblöcken, marschieren wir bis zum letzten Einfamilienhaus mit einem liebevoll gepflegten

22

Garten. Gleich hinter dem Haus beginnen wir unseren Aufstieg, zunächst über ein weiches Wiesenpolster, bis unsere Pfadspur unterhalb von Nüholz in ein schmales Strässchen mündet. Nun gehts an wenigen Häusern und Ställen vorbei tüchtig bergauf, bis wir östlich des Batzbergs zu einer T-Verzweigung gelangen, wo sich auch eine Ruhebank mit herrlicher Aussicht über Wald befindet. Eine kleine Erholungspause haben wir uns hier redlich verdient. Als Nächstes erreichen wir den Weiler Güntisberg, wo vor allem Landwirte das Sagen haben. Wir beachten hier die Wegweiser Richtung Rüti, die angegebene Wanderzeit von 1 h 10 min ist jedoch etwas knapp bemessen. Von nun an gehts nur noch bergab, zunächst auf Hartbelag zum Weiler Mettlen, hier nehmen wir die zweite Abzweigung nach Rüti. Via Grossweier ist auf dem Wegweiser ausgeschildert. Nach dem letzten Bauernhof beginnt der Feld- und Waldweg, der uns über die Deggleregg und das Grossweier-Moor zu den Tennisplätzen von Niggital führt. Die letzten Höhenmeter bergab führen durch Einfamilienhausquartiere, zwischendurch auch ein kurzes Stück durch den Wald. Nach knapp zwei Stunden Wanderzeit erreichen wir den Bahnhof Rüti. Mit dem Thurbo fahren wir zurück nach Wald bzw. nach Rapperswil oder Winterthur.

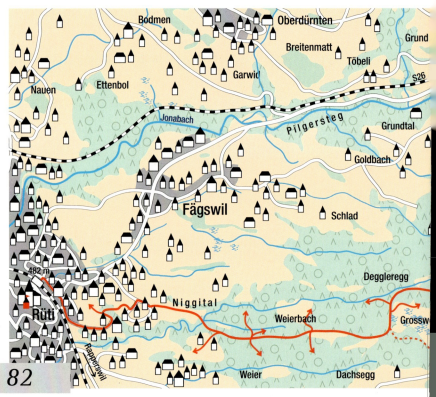

Zwischen Niggital und Rüti gehts auf einem schmalen Wanderweg bergab.

Im Weiler Güntisberg auf 739 m ü. M. lässt es sich gut leben.

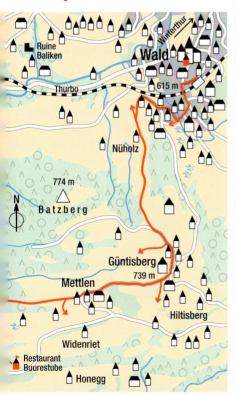

tipp:

Restaurant Buurestube

Etwa nach der Hälfte unserer Wanderung können wir im Grossriet zur Dachsegg abzweigen. Von hier aus bis zum Restaurant Buurestube sind es ungefähr zehn Minuten zu Fuss. Auf der Dachsegg erwartet uns ein gemütliches und familienfreundliches «Buurebeizli» im Zürcher Oberland. Ob Wurstsalat garniert, Buureschüblig oder ein Käseplättli als Zivieri – unter den bunten Sonnenschirmen vor der Wirtschaft schmeckt es uns als Wanderern doppelt und dreifach. Damit es Kindern nicht zu langweilig wird, während wir den herrlichen Blick zum

Obersee und bis zum Säntis geniessen, steht ihnen ein Spielplatz mit zahlreichen Geräten zur Verfügung. Fazit: Ein Buurebeizli, das als Ausflugsziel zum Wiederkommen einlädt – mit Freunden, Verwandten oder Gästen.

Restaurant Buurestube
Brigitte und Willi Dietrich
Dachsegg, 8636 Wald ZH
Tel. 055 246 41 18
www.rest-buurestube.ch

83

Atzmännig – Chrüzegg – Schutt **23**
Auf dem hohen Grat

Der Atzmännig in Hintergoldingen ist den meisten Schweizerinnen und Schweizern ein Begriff, denn der Freizeit- und Plauschpark mit zahlreichen Attraktionen zählt zu den grössten im Land (Seite 88). Wer mit der Sesselbahn bis zur Bergstation fährt, hat andere Ziele – zum Beispiel eine wunderschöne Gratwanderung über die Chrüzegg zurück ins Tal.

Unsere Route: Atzmännig – Schwammegg – Rotstein – Tweralpspitz – Chrüzegg – Oberchamm – Schutt.

Mit der S5/S15 bis Rüti, weiter mit dem Bus bis Eschenbach (SG) und mit dem Postauto bis Atzmännig/Schutt.

A53 ab Brüttiseller Kreuz bis Uster, weiter über Wetzikon, Hinwil nach Wald. Von dort aus der Beschilderung nach Goldingen/Atzmännig folgen. 1200 Gratisparkplätze in Schutt.

Wanderung von Ende April bis Anfang November möglich. In dieser Zeit fährt auch die Sesselbahn.

Die Wanderung über den Grat zur Chrüzegg und hinunter nach Schutt dauert 2 h 30 min.

Meist Bergwege, teilweise auch exponiert, nur mit guten Schuhen – 259 m bergauf, 630 m bergab.

www.sbb.ch (Fahrplan)
www.atzmaennig.ch
www.chruezegg.ch
www.goldingertal.ch

Mit der 2er-Sesselbahn fahren wir von der Talstation in Schutt auf den Atzmännig.

Mitte: Unser Zwischenziel, die Chrüzegg.
Unten: Aufstieg zum Tweralpspitz (1332 m).

Fotos: Ronald Gohl

Unser Weg führt von der Schwammegg in den Schwammsattel und anschliessend wieder bergauf zum Rotstein – es liegen mehrere Gipfel am Weg.

Drei Berggipfel in eineinhalb Stunden

Im Gemeindegebiet von Goldingen SG sind wir, keine Autostunde von Zürich entfernt, bereits in den Voralpen angelangt. Wir befinden uns an der Grenze zum Toggenburg, die Vegetation ist oben auf dem Grat zwischen Atzmännig und Chrüzegg alpin, und die Milch der weidenden Kühe wird in der Alpkäserei weiterverarbeitet. Auch der Ausflug auf den Atzmännig ist sowohl für Zürcher wie auch für Winterthurer an einem Nachmittag möglich.

Von der Postautohaltestelle oder vom Parkplatz aus sind es nur wenige Schritte bis zur Talstation der Sesselbahn. Gemütlich lassen wir uns nach oben tragen und beobachten dabei das fröhliche Jauchzen der Kinder auf der Sommerrodelbahn. In der Mitte steigen die Rodler aus, wir fahren weiter bis zur Bergstation auf 1195 m ü. M. Hier beginnt unsere Wanderung: Wir nehmen den schmalen Waldpfad, der links von der Bergstation nach unten führt und schon nach wenigen Metern in einen breiteren Weg mündet. Wir beginnen den steilen Aufstieg zur Schwammegg (1282 m) – ein beliebter Aussichtspunkt, wo an Wochenenden oft Hunderte Wanderer in den Wiesen sitzen, picknicken und die Aussicht ins Toggenburg, auf die Linthebene und zum Zürichsee geniessen. Der holprige Schotterweg mündet in einen Bergpfad, der sich dem Kamm entlangzieht und schliesslich in den Schwammsattel hinun-

tipp:

Berggasthaus Chrüzegg

Nach eineinhalb Stunden Wanderzeit und drei Berggipfeln (Schwammegg, Rotstein, Tweralpspitz) erreichen wir die Chrüzegg auf 1265 m ü. M. – ein beliebtes Ausflugsziel mit Berggasthaus und Alpkäserei. Seit 1995 wird die Chrüzegg von der Familie Robert und Maria Manser-Ammann in der dritten Generation geführt. Das 1998 neu erbaute Berggasthaus bietet seinen Gästen eine Panoramaterrasse und behagliche Gaststuben im typischen Älplerstil.
Ein besonderer Genuss ist der in der eigenen Alpkäserei hergestellte Käse, den die Gäste ausschliesslich

im Restaurant und auf der Alp erhalten. Ein weiterer Leckerbissen sind die modern ausgestatteten Zimmer im Berggasthaus. Somit ist es auch möglich, eine mehrtägige Wanderung in der Region zu planen und den Sonnenauf- und -untergang auf der Chrüzegg zu erleben.

Berggasthaus Chrüzegg
Steintal 761, 9639 Wattwil
Tel. 055 284 54 84
www.chruezegg.ch

Gleich zu Beginn der Wanderung müssen wir zur Schwammegg 87 Meter aufsteigen.

Herrliches Panorama auf dem Rotstein, wir blicken Richtung Zürcher Oberland.

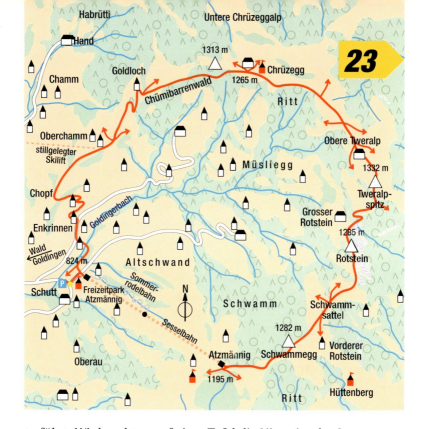

terführt. Wir beachten auf einer Tafel die Hinweise der Armee, an Werktagen im Herbst müssen wir manchmal den unteren Weg nehmen und auf die nächsten beiden Gipfel verzichten. Wir haben Glück, es ist Sonntag. Der Aufstieg zum Rotstein (1285 m) lässt nicht lange auf sich warten. Diesmal geniessen wir das Panorama in Richtung Zürcher Oberland. Wieder zieht sich der Weg einem Grat entlang, es geht mehrmals bergauf und bergab, bis wir nach einem exponierten Wegstück den Tweralpspitz (1332 m), den höchsten Punkt unserer Wanderung, erreicht haben. Wir steigen zur Oberen Tweralp ab und folgen nach der Alphütte einem breiten Alpsträsschen zum Berggasthaus Chrüzegg hinüber.

Nach einer Stärkung auf der Panoramaterrasse beginnen wir unseren Abstieg zurück zur Talstation in Schutt. Unser Weg führt links vom nächsten Berggipfel zunächst noch ziemlich eben durch den Chümibarrenwald. Bei der Alphütte in der Nähe vom Goldloch gehts dann steiler bergab. Wir wandern bei Oberchamm an einem stillgelegten Skilift vorbei, und zwischen Chopf und Enkrinnen wirds dann nochmals richtig steil. Das letzte Stück führt hinunter zum Goldingerbach und zurück zu unserem Ausgangspunkt beim Parkplatz.

Freizeitpark Atzmännig 24
Riesenrutschbahn & Co.

Der Atzmännig in Hintergoldingen ist ein Familienausflugsziel erster Klasse. Für Eltern gilt die Devise, endlich einmal auszuspannen, Kids lassen ihre ganze Energie raus, bis sie müde sind: hüpfen, springen, rutschen, schaukeln. Der Freizeitpark und die Riesenrutschbahn sorgen für Fun ohne Ende, und der freie Nachmittag am Atzmännig vergeht wie im Flug.

Die Talstation Atzmännig liegt auf 824 m ü. M. auf dem Gebiet der Gemeinde Goldingen SG.

Mit der S5/S15 bis Rüti, weiter mit dem Bus bis Eschenbach SG und mit dem Postauto bis Atzmännig/Schutt.

A53 bis Uster, weiter über Wetzikon, Hinwil nach Wald. Von dort aus der Beschilderung nach Goldingen/Atzmännig folgen. Parkplätze in Schutt.

Die Riesenrutschbahn ist täglich bei trockenem Wetter von Ende April bis Anfang November geöffnet.

Riesenrutschbahn und Freizeitpark können gut mit der Wanderung (Seite 84) kombiniert werden.

Neben dem Parkplatz bietet das Hotel Talstation Atzmännig familienfreundliche Mahlzeiten und Preise.

Sport- und Freizeitzentrum Atzmännig AG
8638 Goldingen
Tel. 055 284 64 44
www.atzmaennig.ch

Mit der Sesselbahn fahren wir zum Start der Riesenrutschbahn, die Massstäbe setzt.

Mitte: Mit Schwung auf der Komet-Schaukel.
Unten: Jumps auf dem Vierertrampolin.

Fotos: Ronald Gohl

Auf dem idyllischen Teich neben der Talstation können wir uns als Schiffskapitän mit ferngesteuerten Booten versuchen, gleich dahinter der Rutschturm.

Attraktive Freizeiteinrichtungen ohne Ende

Atzmännig bietet mit der ersten Riesenrutschbahn der Schweiz faszinierenden Freizeitspass für die ganze Familie. In rasanter Abfahrt wird auf der rund 700 Meter langen Strecke eine Höhendifferenz von 126 Metern überwunden. Da kann man schon mal einen lauten Juchzer hören, wenn jemand einfach aus Spass an der Freud seinem Gefühl Ausdruck verleiht. Die Riesenrutschbahn ist eine attraktive Freizeiteinrichtung, an der sich Gross und Klein erfreuen können. Steilwandkurven und Tunneldurchfahrten sind ein ganz besonderer Nervenkitzel. Alle Geburtstagskinder fahren übrigens gegen Vorlage des Ausweises am Geburtstag gratis. Nervenkitzel bietet auch der Freizeitpark mit seinem vielseitigen Programm: Trampolinanlage, waghalsige Sprünge mit dem Nautic-Jet auf der Wasserbootschanze, Movimat, das acht Meter hohe und 60 Meter lange Gleitschirmbähnchen, Bull-Riding à la Wilder Westen, Monza-Bahn mit ihren elektrisch betriebenen Mini-Autos, Rutschturm, Komet-Schaukel, Bungy-Tramp und Schiffliweiher sind Attraktionen, die unvergessliche Erlebnisse versprechen. Die kleinsten Gäste freuen sich über das grosse Tiergehege. Zwergziegen und Esel warten auf Streicheleinheiten, während Gänse und Enten um die Wette plantschen. Der grosse Spielplatz mit Kletterturm, Rutschbahn und Schaukel ist kindgerecht angelegt.

Schmerikon – Rapperswil 25
Strandweg am Obersee

Der Obersee liegt südöstlich von Zürich im Kanton St. Gallen. Seit 1878 trennt der rund einen Kilometer lange Seedamm den Zürichsee vom Obersee. Im Osten fliesst die Glarner Linth nach einem Umweg über den Walensee bei Schmerikon in den Obersee, der als einer der saubersten Seen der Schweiz gilt. Unsere Uferwanderung nach Rapperswil beginnt ebenfalls in Schmerikon.

Unsere Route: Oberbollingen – Bollingen – Kloster Wurmsbach – Strandbad – Technikum – Rapperswil.

Mit der S5 bis Rapperswil, weiter mit dem InterRegio «Voralpen-Express» oder dem Schiff bis Schmerikon.

Auf der A3 Zürich–Chur bis zur Verzweigung Reichenburg, von dort auf der A53 bis Ausfahrt Schmerikon. Parkplätze beim Bahnhof.

Die Wanderung ist das ganze Jahr, wenn kein Schnee und Eis liegt, möglich.

Ohne Abstecher zum Kloster Wurmsbach und Strandbad Rapperswil sind wir 2 h 45 min unterwegs.

Ebener Wanderweg ohne Höhenunterschied, auch mit Kinderwagen oder Fahrrad möglich.

www.sbb.ch (Fahrplan)
ww.zsg.ch (Schiffe)
www.schmerikon.ch
www.rapperswil.ch
www.wurmsbach.ch

Der Ausgangspunkt unserer Wanderung befindet sich direkt am Hafen Schmerikon.

*Oben: Blick auf den Obersee.
Unten: Kapelle am Strandweg Rapperswil.*

Fotos: Phillipe Cruz, Ronald Gohl

Links: Mutlikulti beim historisch bedeutenden Gasthaus zum Sternen in Schmerikon.
Rechts: Konservative, dörfliche Idylle empfängt uns am Strandweg bei Bollingen.

Vorbei an naturnahen Schilfgürteln

Vom Bahnhof Rapperswil gehen wir über den Fischmarktplatz und erreichen nach wenigen Schritten die Grosse Allee, die uns zur Schiffsanlegestelle führt. Hier können wir vor dem Einsteigen die herrliche Aussicht auf das Kapuzinerkloster und die Rosengärten geniessen.
Die Schiffsfahrt Rapperswil–Schmerikon dauert über eine Stunde und ist sehr abwechslungsreich. Die seit 1927 unter Naturschutz gestellte Insel Ufenau ist der erste Zwischenhalt, hier steigen schon viele Passagiere aus, um die Insel des Klosters Einsiedeln zu besuchen. Die Fahrt geht weiter, und mit einem grossen Bogen wird die Durchfahrt des Seedamms, der Rapperswil mit Hurden verbindet, angesteuert. Diese Seebrücke gibt es schon seit 640 Jahren, sie wurde und wird noch immer von vielen Jakobspilgern benutzt. Kaum hat das Schiff die kleine Durchfahrt passiert, können wir auch die neue, modern erstellte Holzbrücke für Fussgänger von Rapperswil nach Hurden sehen. Nun steuert das Schiff die Gemeinden Pfäffikon, Altendorf, Lachen und Schmerikon an. Der Obersee wirkt mit seinen ländlichen und schilfbewachsenen Uferzonen verträumt.
In Schmerikon steigen wir aus. Der zwölf Kilometer lange Strandweg führt direkt nach dem Anlegesteg links, Richtung Rapperswil.

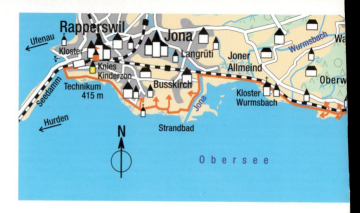

Zweidreiviertel Stunden steht auf dem gelben Wegweiser. Der erste Teil ist geteert und verläuft parallel zur Eisenbahnlinie und Hauptstrasse, doch schon nach der Bootswerft wird es romantischer. Besonders an Wochenenden sind auch viele Fahrradfahrer unterwegs, die mitunter auch etwas störend wirken können, vor allem wenn sie zu zweit oder dritt nebeneinander fahren und die Fussgänger ausweichen müssen.
Am schön gelegenen Lehhof vorbei, spazieren wir auf dem Uferweg weiter Richtung Bollingen. Mit schöner Aussicht auf den Obersee erreichen wir das Kloster Wurmsbach. Hier leben rund 20 Schwestern der Zisterzienserinnen-Abtei im Kloster, das 1259 von Graf Rudolf IV. von Rapperswil gegründet wurde. Der Kreuzgang des Klosters kann besichtigt werden. Die Glasfenster wurden zwischen 1985 und 1995 vom Luzerner Künstler Edy Renggli gestaltet. Sie zeigen Szenen aus dem Leben des heiligen Bernhard von Clairvaux (1090-1153), dem bekanntesten Ordensvater der Zisterzienserinnen und Zisterzienser.
Die dichten Schilfgürtel bieten vielen Vögeln eine Heimat. Amphibienfreunde finden am Weg kleine Tümpel, wo grüne Hüpfer beobachtet werden können. Nach der Joner Allmeind führt uns der Weg dem Flüsschen Jona entlang zum Strandbad. Hier lohnt sich eventuell ein weiterer Unterbruch der Wanderung, vor allem wenn Kinder dabei sind. Am Zaun des Kinderzoos Knie vorbei (der Eingang befindet sich an der Oberseestrasse und nicht am Strandweg – wir sehen lediglich die Rückseite der Gebäude des Zoos), durch den Park des Technikums erreichen wir wieder den Bahnhof von Rapperswil, wo es direkte Züge nach Zürich, St. Gallen und Luzern gibt.
Die Zeit bis zur Abfahrt des nächsten Zuges verstreicht bei einem erfrischenden Eisbecher an der Seepromenade oder bei einer Pedalofahrt im Nu.

Überall am Obersee gibt es Liegeplätze für private Yachten und Boote.

Stolze Kirche mit Weinberg im kleinen Dörfchen Bollingen am Obersee.

tipp:

Weihnachtszeit in Rapperswil

Wie in so vielen Kleinstädten der Schweiz erstrahlt auch in Rapperswil von Mitte November bis Ende Dezember die weihnächtliche Beleuchtung. Christbäume, Krippen, Sterne, Girlanden und vieles mehr machen aus der Rosenstadt eine Märchenstadt. Würde es noch richtig schneien, wäre die Stimmung perfekt. Doch leider traut sich Frau Holle in den letzten Jahren nicht mehr so oft bis in tiefere Gefilde. Dafür findet in Rapperswil einer der schönsten Christkindlimärkte der Schweiz statt. Jeweils vom Freitag

bis Sonntag verbreiten gegen 150 Marktfahrer und Aussteller weihnächtliche Stimmung in der festlich erhellten mittelalterlichen Altstadt. Kerzen, Glühwein, Weihnachtsgebäck und Spezialitäten aus Nah und Fern sind nur einige der Höhepunkte des Rapperswiler Christkindlimärtes.

Weitere Infos und Termine:
www.christkindlimaert.ch

Spannende Ausflüge mit und auf dem Schiff **26**

Zürichsee Schifffahrt

Kommen Sie auf den See und geniessen Sie Natur pur, den sanften Wellengang, die erholsame Fahrt zu diversen Sehenswürdigkeiten und das feine Essen aus der Bordküche! 17 Kursschiffe sind auf dem Zürichsee unterwegs, darunter auch zwei historische Raddampfer aus den Jahren 1909 und 1914. Sie sind bei den Passagieren sehr beliebt.

 Der Zürichsee ist 88,6 km² gross und erstreckt sich von Zürich bis nach Schmerikon.

 Wir erreichen die Schiffländen aus allen Himmelsrichtungen mit Zug, Bus oder Tram (Zürich Bürkliplatz).

 An den meisten Schiffländen sind Parkplätze vorhanden.

 Die Sommersaison dauert von April bis Oktober, die Wintersaison von November bis März.

 Wir können uns einen ganzen Tag oder nur kurze Zeit auf dem Schiff aufhalten: Schifffahrten von 1,5 bis 7 Stunden.

 Fast alle Schiffe haben ein Restaurant oder einen Kiosk an Bord. Picknick auf den Aussendecks möglich.

 Zürichsee Schifffahrt
Mythenquai 333
8038 Zürich
Tel. 044 487 13 33
www.zsg.ch

Müde und glücklich fahren wir nach einer Wanderung mit dem Schiff nach Hause.

Mitte: Modernes Motorschiff «Pfannenstiel». Unten: Auch Kinder mögen Schiffe.

Fotos: ZSG

Das Dampfschiff «Stadt Zürich» ist der Stolz der Zürichsee-Flotte und mit Baujahr 1909 das älteste Schiff auf dem See.

Rundfahrten und Schifffahrts-Erlebnisse!

Der Zürichsee ist einen Besuch wert! Kommen Sie auf eines der 17 Schiffe mit Erlebniswert und geniessen Sie eine interessante und entspannende Rundfahrt von 1,5 bis 7 Stunden! Besonders die zwei nostalgischen Dampfschiffe mit Einblick in den Maschinenraum sind bei Jung und Alt beliebt!
Das Schiff ist das ideale Verkehrsmittel, um erholt, gut gelaunt und voller Tatendrang am gewählten Ziel anzukommen. Dank der Mitgliedschaft im Zürcher Verkehrsverbund profitieren Sie ausserdem von den äusserst attraktiven Tickettarifen! Verbinden Sie Ihre Schifffahrt zum Beispiel mit einem Ausflug in Knies Kinderzoo in Rapperswil, einem Besuch auf der Insel Ufenau oder mit einem rasanten Rutschplausch im Alpamare!
Oder lassen Sie sich auf einem Schiff kulinarisch verwöhnen, sei es auf einer Kurs- oder einer Themenfahrt. Die Schiffe der ZSG fahren fast täglich zu einer kulinarischen oder musikalischen Traumschifffahrt aus. Tanzen Sie zu heissen Salsa-Rhythmen oder geniessen Sie Evergreens, schlemmen Sie sich durch das Sonntags-Brunch-Buffet oder geniessen Sie ein feines Chäs- oder Fleisch-Fondue. Die Traumschiff-Palette ist äusserst vielseitig und bietet etwas für jeden Geschmack.

Eglisau – Rüdlingen 27
Rhein und Wein

Die Blauburgundertraube ist die Diva unter den roten Sorten, sie lässt das Herz eines jeden Weinliebhabers höher schlagen. Das Zürcher Unterland wird auch vom Weinbau geprägt, vor allem die milden Lagen am Rhein sind für prächtige Rebstöcke geeignet. Unsere heutige Wanderung von Eglisau nach Rüdlingen steht ganz im Zeichen der roten Trauben.

Unsere Route: Eglisau – Burg – Oberriet – Eichhalde – Tössegg – Ramsen – Rüdlingen.

Stündlich fährt die S5 vom Zürcher Hauptbahnhof direkt bis zur Station Hüntwangen-Wil.

A51 über Kloten bis Autobahnende in Bülach-Nord, weiter über die Kantonsstrasse bis zum grossen Kreisel, dort den Schildern nach Eglisau folgen.

Die Wanderung ist das ganze Jahr. Die Schiffe verkehren täglich von April bis Mitte September, werktags nur bei schönem Wetter.

Wenn wir es gemütlich nehmen und uns zwischendurch auch mal hinsetzen, wandern wir 3 h.

Schmale Zubringerstrassen für Weinbauern und Wanderwege – 127 m bergauf, 153 m bergab.

www.sbb.ch (Fahrplan)
www.zueri-unterland.ch
www.eglisau.ch
www.szr.ch

Im September reifen die Blauburgundertrauben zu ihrer vollen Reife heran.

Oben: Idyllische Ausblicke auf den Rhein
Unten: Rebstöcke, so weit das Auge reicht.

Fotos: Phillipe Cruz

Gleich zu Beginn unserer Wanderung unterqueren wir das himmelhohe Bahnviadukt (rechts), danach unternehmen wir einen Abstecher in die Altstadt von Eglisau (links).

Wasser, Rebberge und eine Schiffsfahrt

Eingebettet in sonnige Rebberge, liegt am steilen Ufer des Zürcher Rheins das mittelalterliche Landstädtchen Eglisau. Die Wurzeln des Ortes reichen ins 13. Jahrhundert zurück, als die Herren von Tengen, die auf der gegenüberliegenden Rheinseite schon früher ihre Burg errichtet hatten, den Grundstein zum späteren Eglisau legten. Nachdem im Jahre 1919 das Kraftwerk Rheinsfelden gebaut wurde, mussten die unterste Häuserzeile und die alte Holzbrücke von Eglisau dem höheren Wasserspiegel geopfert werden.
Wir beginnen unsere Wanderung nicht im Bahnhof Eglisau, sondern eine Station weiter in Hüntwangen-Wil. Obwohl dieser Bahnhof so aussieht, als würden sich hier Fuchs und Hase gute Nacht sagen, sind wir richtig. Als Erstes nehmen wir das Strässchen, das parallel zur Bahnlinie und vorbei am Industriequartier zurück zum 60 Meter hohen Rheinviadukt führt. Wir benützen das Zickzackweglein auf der Ostseite der gemauerten Rundbogenbrücke, das den Hang hinunterführt. Unten angekommen unterqueren wir erneut das Viadukt und spazieren auf dem Strässchen bis ans Ufer des Rheins, wo wir links in den Rhi-Weg einbiegen. Auf diesem schlendern wir nun alles ostwärts, bis wir Eglisau erreichen. Bei der Kreuzung am Viehmarktplatz ist ein lohnender Abstecher in die Altstadt mit ihren zahlreichen mittelalterlichen Bauten angesagt.

tipp:

Der Biber-Wanderweg

Am Zürcher Rheinufer können Biberspuren entdeckt werden. Deshalb hat der WWF Zürich den rund vier Kilometer langen Wanderweg zwischen den Schiffsstegen Tössegg und Rüdlingen als Standort für den Biberpfad auserkoren. Der erlebnisreiche Wanderweg beginnt direkt bei der Tössegg und führt an vielen Stellen unmittelbar dem Rhein entlang bis zum Schiffssteg Rüdlingen. Unterwegs finden sich viele Picknickplätze und Orte, die zum Baden einladen. Auf den 14

1 Biberpfad
2 Auenwanderung
3 Fähre Tössegg–Buchberg
4 Fähre Nack–Ellikon
5 Rheinau Kloster
6 Rheinau Zoll
7 Rheinau Stollen

Biberpfad-Tafeln werden viele Informationen über den grössten europäischen Nager und seinen Lebensraum auf einfache Art und Weise dargestellt. Durch geschicktes Platzieren der Lehrpfad-Tafeln kann das Beschriebene gleich vor Ort durch eigenes Beobachten und Entdecken erlebt werden. Kinder werden auf dem Biberlehrpfad ebenfalls nicht zu kurz kommen.

Fortsetzung auf Seite 102

Am Ende des Städtchens Eglisau erreichen wir schon den ersten Weinberg.

Moderne und historische Bauten gehen im Ortskern von Eglisau Hand in Hand.

Kurz vor der reformierten Kirche biegen wir wieder in den Wanderweg am Rhein ein und folgen dem Burg-Weg flussaufwärts. Nach der Badeanstalt mündet unser Weg in ein Strässchen, das an weiteren schönen Gebäuden im Ortsteil Burg, die direkt am Wasser liegen, vorbeiführt. Nach den letzten Häusern breiten sich die Rebberge entlang unserer Wanderroute aus. Bis Oberriet ist die Strasse noch asphaltiert, danach gehts leicht bergauf über Wiesen und in den Wald. Unter uns fliesst idyllisch der Rhein vorbei, und nach einem schattigen Teilstück steigt unser Weg in zwei weit ausladenden Serpentinen zu den Rebstöcken von Eichhalde empor. Dem Waldrand entlang kommen wir nun an den Feldern des Bauern vom Unter Murkethof vorbei, das Tösstaler Rheinknie sehen wir leider von hier oben nicht. Um wieder zum Rhein zu kommen, bietet sich uns ein Fussweglein an, das vom Feldweg scharf nach rechts abzweigt und durch den Wald 56 Meter hinunter ans Wasser und direkt zur Anlegestelle der Fähre nach Tössegg führt. Wer mag, kann den Rhein überqueren und im Gasthaus Tössegg etwas trinken oder essen. Anschliessend wandern wir über Ramsen weiter flussaufwärts bis zu den ersten Häusern von Rüdlingen. Hier gilt es den Weg hinunter zur Schiffsanlegestelle zu finden. Mit dem Rheinschiff (Fahrplan: www.szr.ch) fahren wir wieder flussabwärts zurück zu unserem Ausgangspunkt in Eglisau.

Rundwanderung in Rheinau — 28
Rheinknie mit Insel

Wer kennt Rheinau am Nordzipfel des Kantons Zürich? Falls wir dieses schöne Riegelhausdorf mit seiner Klosterinsel, den prachtvollen, herrschaftlichen Bauten inmitten einer Rheinschlaufe noch nicht besucht haben, so wird es höchste Zeit dafür … Sowohl Zürcher wie auch Winterthurer und Schaffhauser schaffen es an einem Nachmittag!

Unsere Route: Rheinau – Salmenweg – Nägelishalden – Tobiaswiesen – Klosterinsel – Rheinau.

Wir erreichen Rheinau mit der S33 Winterthur–Schaffhausen. In Marthalen steigen wir ins Postauto um.

Auf der A4 Winterthur–Schaffhausen bis zur Ausfahrt Benken. Ab hier der Beschilderung Rheinau folgen. Grosser Parkplatz auf dem Klosterplatz.

Die Wanderung ist das ganze Jahr möglich. Auch nach Neuschnee reizvoll, der Weg wird nicht gepfadet.

Der Rundweg durch die Rheinschlaufe dauert, wenn wir es gemütlich nehmen, rund 1 h 30 min.

Ebener Weg, meist auf breiten Feldwegen, auch mit Kinderwagen oder Rollstuhl möglich. Etwas schmaler Uferpfad bei Au.

www.sbb.ch (Fahrplan)
www.rheinau.ch
www.insel.rheinau.ch
www.zueri-unterland.ch

Goldener Herbst in Rheinau: Die Brücke zur Klosterinsel spiegelt sich im ruhigen Wasser.

Oben: Auf der anderen Seite ist Deutschland. Unten: Rheinblick vom Rotlaubenweg.

Fotos: Ronald Gohl

Spätgotische Herrenhäuser auf dem Klosterplatz. Kopfsteinpflaster gibt es allerdings nur unmittelbar in der Nähe des Klosters.

Spätgotisch, Barock, Romanisch

Nur sechs Kilometer vom berühmten Rheinfall entfernt, fasziniert das kleine Landstädtchen Rheinau mit seinen herrschaftlichen Häusern und Riegelbauten die Besucher. Der Rhein umfliesst das Städtchen mit seiner Klosterinsel in einer engen Schlaufe, die auch das Ziel unserer heutigen Wanderung ist.

Wer mit dem Auto anreist, parkt seinen Wagen auf dem Klosterplatz, der grossflächig mit Kopfsteinpflaster ausgestaltet wurde. Den Besuch der Insel mit der Klosteranlage sparen wir uns für den Schluss unserer Rundtour auf, dafür bewundern wir die prächtige Trotte, die Stallungen und den Klosterkeller mit seinen Treppengiebeln. Das rekordverdächtige Gebäude ist 105 Meter lang und wurde zwischen 1585 und 1744 in mehreren Etappen gebaut. Wir spazieren auf dem Trottoir die Zubringerstrasse hinauf zum Kirchgemeindehaus, wo sich auch die Postautohaltestelle befindet. Alle, die mit dem öffentlichen Verkehrsmittel anreisen, starten ihre Rundwanderung hier und werden erst am Schluss zum Klosterplatz gelangen. Nach dem Kirchgemeindehaus, 1602 im spätgotischen Stil erbaut, überqueren wir die Strasse und biegen in die Ochsengasse ein. Nach einigen schönen Riegelhäusern gehts gleich wieder rechts in die Austrasse, um nach 150 Metern links in den Salmenweg einzuschwenken. Nun spazieren wir an einigen neueren Ein-

tipp:

Fortsetzung von Seite 98

Interaktive Erlebniselemente ermöglichen Kindern das spielerische Kennenlernen des Bibers. Die Elemente nehmen Bezug auf den jeweiligen Inhalt der Tafeln und sind ihnen als Klapptafeln oder 3-D-Elementen angegliedert. Such- und Beobachtungsaufträge regen zum Erkunden der Umgebung an. Mit Quizfragen wird das Wissen von Kindern und Erwachsenen getestet und vertieft. Wanderzeit je nach Aufenthaltsdauer an den einzelnen Tafeln ca. 1¼ – 2 h. Rückfahrt mit dem Schiff zur Tössegg.

Auenwanderung

Ein weiterer Höhepunkt ist die Wanderung von Rüdlingen nach Ellikon. Sie führt durch die unberührten Auenwälder des alten Rheinlaufes. Gute Beobachter werden auf halbem Weg die etwas versteckte Biberburg entdecken! Am Schluss der Wanderung mit der Seil-Fähre über den Rhein nach Ellikon (Wanderzeit ca. 1¼ h). Ausweis mitnehmen! Rückfahrt mit dem Schiff nach Rüdlingen oder zur Tössegg.

SZR Züri-Rhy Schifffahrtsges. AG
Tel. 044 865 62 62, www.szr.ch

Der Weg ist auch für Menschen im Rollstuhl ohne grosse Hindernisse machbar.

Zu den kulturell bedeutenden Gebäuden gehört das ehemalige Frauengasthaus.

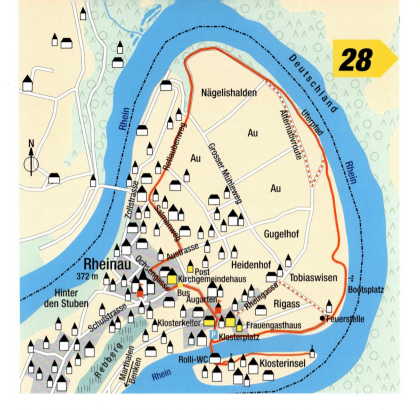

familienhäusern vorbei bis zum Ende der Quartierstrasse. Wir achten dabei auf den Wanderwegweiser, der beim letzten Haus rechts in den Rotlaubenweg zeigt. Dieser etwa einen Meter breite Wanderweg führt nun parallel zum Rhein. Das gegenüberliegende Rheinufer gehört bereits zu Deutschland. Wir kommen zu einer Kreuzung und zum ersten Posten des ökologischen Lehrpfades der Gemeinde Rheinau. Dieser begleitet uns auf den nächsten Kilometern. Nach der Kreuzung wird jene Stelle am Auenwald erreicht, wo wir über den Uferpfad hinunter zum Rhein gelangen. Wer mit dem Rollstuhl unterwegs ist, kann alternativ dazu auf dem Feldweg bleiben (siehe Kärtchen). Die nächste Linksabzweigung vom Feldweg bringt ihn ebenfalls zum Rhein. Wir folgen nun dem Ufer, kommen am Bootsplatz vorbei und erreichen eine Feuerstelle. Fussgänger folgen weiter dem Ufer, mit Kinderwagen oder Rollstuhl gehen wir den Feldweg rechts hinauf und erreichen die Rheingasse. Bei dieser links, bis wir unsere Runde beim Restaurant Augarten schliessen.

Zum Abschluss bleibt noch ein Besuch auf der Klosterinsel mit der prächtigen barocken Kirche. Im Innern finden wir das Portal der romanischen Basilika von 1114. Das Kloster, vor einigen Jahren noch eine psychiatrische Klinik, steht heute leer.

Andelfingen – Gütighausen 29
Idyllischer Thuruferweg

127 Kilometer lang ist die Thur zwischen ihrer Quelle im Säntisgebiet und ihrer Mündung in den Rhein unterhalb von Ellikon. Ohne See, der ihren Lauf ausgleichen könnte, machen sich starke Regenfälle schnell bemerkbar, so dass der Fluss manchmal über die Ufer tritt. Unsere Wanderung führt durch naturnahe Ufergebiete, die noch nicht begradigt wurden.

Unsere Route: Andelfingen – Neuguet – Tüfenau – Thurhof – Weidler – Gütighausen.

Wir erreichen Andelfingen mit der S33 Winterthur–Schaffhausen. Rückfahrt ab Gütighausen mit dem Bus der Linie 612. Achtung: Fährt am Wochenende nicht!

Auf der A4 Winterthur–Schaffhausen bis zur Ausfahrt Kleinandelfingen. Von dort über die Holzbrücke zum Bahnhof Andelfingen, wo es ein Parkhaus gibt.

Die schönste Wanderzeit ist von April bis Oktober. Nach starken Regenfällen sind die Wege überflutet.

Die reine Wanderzeit zwischen Andelfingen und Gütighausen beträgt ohne Pausen 2 h 15 min.

Ebener Wanderweg dem Ufer entlang, auch schmale Waldpfade. Mit Kinderwagen nicht geeignet.

www.sbb.ch (Fahrplan)
www.andelfingen.ch
www.thur.tg.ch

In der Andelfinger Schlossgasse entdecken wir dieses Dornröschen-Haus.

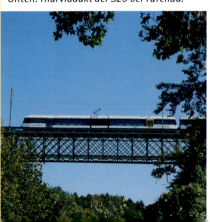
Oben: Die Holzbrücke von 1815 über die Thur.
Unten: Thurviadukt der S29 bei Tüfenau.

Fotos: Ronald Gohl

Weite Strecken der sich durch die Landschaft schlängelnden Thur sind zwischen Andelfingen und Gütighausen noch unverbaut.

Eine Werktagswanderung

Nach unserer Ankunft im Bahnhof Andelfingen, sei es nun mit der S-Bahn oder mit dem Auto, fallen uns zunächst einmal die stattlichen Häuser im Dorfzentrum von Andelfingen auf. Ob Löwenhof, Zollhaus, Strehlgasse, Rebstock oder das Schloss – alle wurden sorgfältig renoviert und zeugen von viel Liebe zum Detail. Als Zentrum des Zürcher Weinlandes weist Andelfingen prächtige Riegelhäuser auf, die bei manchem Besucher so etwas wie zürcherisches Heimatgefühl wecken.

Weil am Wochenende kein Bus von Gütighausen zurück nach Andelfingen fährt, können wir diese Tour nur werktags von Montag bis Freitag unternehmen – es sei denn, wir wandern am anderen Ufer der Thur wieder zurück, was unsere Wanderzeit verdoppeln würde.

Vom Bahnhof folgen wir dem Wegweiser Richtung Gütighausen und biegen beim Hotel Löwen in die Landstrasse ein, die an der reformierten Kirche vorbei leicht bergab führt. Schon nach wenigen Schritten entscheiden wir uns für die Strehlgasse, auf der wir parallel zur Landstrasse, aber etwas tiefer, bis zum letzten Haus gehen. Nach einer scharfen Rechtsabbiegung führt ein Seitensträsschen hinunter zur Schlossgasse. Einen Wegweiser suchen wir leider vergeblich. Wir zweigen rechts ab und nehmen nach rund 50

29

Metern den Haldenweg, der uns hinunter zur Thur bringt. Hier entdecken wir auch wieder den nächsten Wegweiser. Bei der alten Holzbrücke unterhalb des Zollhauses setzen wir unseren Weg entlang der Thur fort. Jetzt kann eigentlich niemand mehr falsch gehen, denn der Weg führt alles dem Ufer entlang bis Gütighausen. Zunächst wandern wir noch auf Hartbelag. Kurz vor der Autobahnbrücke dirigiert uns ein Wegweiser in einen schmalen Uferpfad, der zuerst die Autobahn und anschliessend die Bahnlinie unterquert. An den Häusern und Gewerbebetrieben von Neuguet vorbei, wandern wir stetig flussaufwärts, teilweise dicht am Ufer. Stellenweise ist der Weg vom letzten Hochwasser noch feucht. Durch Hartholzauen mit Eschen, Ulmen und Bergahorn oder über bewirtschaftete Wiesen kommen wir zügig voran. Wir durchqueren die mäandrierenden Schlaufen der Thur und dürfen am Pfeiler des zweiten Bahnviaduktes bei Tüfenau die Abzweigung in den schmalen Waldpfad nicht verpassen. Von hier aus gehts durch weitere zwei Schlaufen, vorbei an idyllisch gelegenen Badeplätzen und über den Hof Weidler nach Gütighausen. Kurz vor dem Dörfchen nehmen wir die Quartierstrasse, über welche wir die Bushaltestelle erreichen (spärliche Busverbindungen, vorher Fahrplan konsultieren).

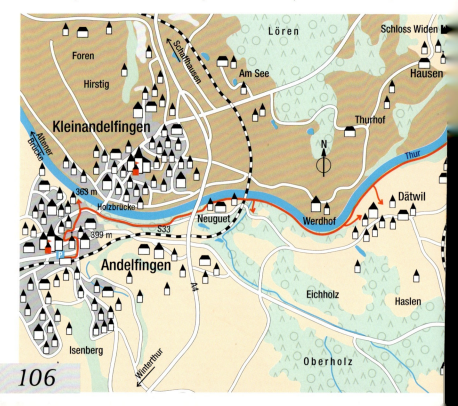

Eine alte Landschule mit Uhrturm entdecken wir im Weiler Gütighausen.

Während zwei Stunden sehen wir kaum Häuser – nur Wasser, Wiesen und Wald.

tipp:

Pizzeria Zum Rebstock

Zu den historisch bedeutenden Riegelhäusern Andelfingens gehört auch der Rebstock. Heute präsentiert sich das Haus als modern geführte Pizzeria, in welcher nicht nur müde Wanderer den Durst und Hunger stillen.

Die Chefin Silvia Braun-Breiter und ihr Team verwöhnen die Gäste mit marktfrischer Küche und Pizzas aus dem Holzofen. In der gemütlich eingerichteten Pizzeria mit viel südländischem Ambiente und in der fast schon mediterran wirkenden Gartenwirtschaft sind grosse und kleine Gäste herzlich will-

kommen. Was gibt es Schöneres, als nach einer erlebnisreichen Nachmittagswanderung den Tag bei einer Rebstock-Pizza, Saltimbocca mit einem sämigen Risotto oder Spaghetti Frutti di Mare ausklingen zu lassen?

Pizzeria Restaurant Rebstock
Landstrasse 35, 8450 Andelfingen
Tel. 052 317 25 25
www.weinlandpizza.ch
Di–Sa, 9.00–14.00 und 16.00–24.00 Uhr, So+Mo, Ruhetag.

Schlattingen – Schlatt 30
Die grosse Weite

Schlattingen, Basadingen, Schlatt – drei Dörfer im Thurgauer Weinland, die nicht ländlicher sein könnten. Wein wird zwar nicht viel angebaut, dafür sind die Bauern auf ihren Feldern allgegenwärtig. Die Verbundenheit zur bäuerlichen Tradition zeigt sich auch darin, dass die Bewohner der Weinland-Gemeinden ihre alten Fachwerkhäuser mit viel Liebe herausgeputzt haben.

Unsere Route: Schlattingen – Rootlebuck – Egg – Eugeschbüel – Basadingen – Windihart – Schlatt.

Mit dem ICN von Zürich über Winterthur nach Frauenfeld, weiter mit dem Postauto (Linie 823) Richtung Diessenhofen bis Schlattingen.

Auf der A4 Winterthur–Schaffhausen bis zur Ausfahrt Benken. Von hier aus über Wildensbuch, Schlatt, Basadingen nach Schlattingen.

Die Wanderung ist das ganze Jahr möglich. Die Feldwege werden nach Schneefällen nicht gepfadet.

Wenn wir es gemütlich nehmen, benötigen wir für unsere Wanderstrecke rund 2 h.

Ausschliesslich breite Feldwege, auch mit Kinderwagen möglich, leichtes Auf und Ab.

www.sbb.ch (Fahrplan)
www.basadingen-schlattingen.ch
www.schlatt.ch

«Im Chloster» heisst die Strasse, die an der Dorfkirche vorbei auf den Egg-Berg führt.

Oben: Wir erleben das Gefühl der Weite.
Unten: Vorbildlich restauriertes Riegelhaus.

Fotos: Ronald Gohl

Bauern mit ihren modernen Traktoren und Maschinen an der Arbeit – ein Bild, das sich während unserer Wanderung oft wiederholt.

Schnurgerade Feldern entlang

Etwas neidisch blicken die Einwohner von Schlatt zu ihren Nachbarn in Schlattingen hinüber. Wer nämlich in Schlatt kein Auto besitzt, muss am Wochenende zu Hause bleiben. Der Bus zwischen dem Dörfchen Schlatt und dem weit abgelegenen Bahnhof Schlatt verkehrt nur von Montag bis Freitag. Dagegen leben die Schlattinger fast schon im Überfluss. Sowohl Bus wie auch Regionalzug bedienen auch am Samstag und Sonntag im Halbstundentakt die wenige hundert Seelen zählende Gemeinde.

Für uns Wanderer bedeutet dies, dass wir am Wochenende, an unserem Wanderziel angelangt, vom Dorfzentrum Schlatt über die mässig befahrene Landstrasse zum Bahnhof Schlatt wandern müssen (zusätzlich 2,5 Kilometer in ca. 40 Minuten).

Wir beginnen unsere Wanderung beim Bahnhof Schlattingen, wenn wir von Schaffhausen anreisen, bzw. bei der Bushaltestelle an der Hauptstrasse, wenn wir von Zürich oder Winterthur über Frauenfeld gefahren sind. Auf der Dorfstrasse spazieren wir als Erstes Richtung Süden, überqueren den Geisslibach und gehen bei der Kreuzung geradeaus die Strasse «Im Chloster» hinauf. Dabei lohnt es sich, einen Moment stehen zu bleiben und die alten Fachwerkhäuser mit der Dorfkirche zu bewundern. Einen Dorfladen, wo wir vielleicht noch etwas für den Rucksack einkaufen können, suchen

wir in Schlattingen leider vergeblich. Bis zu den letzten Häusern gehts leicht bergauf, und nach dem ersten grossen Acker im Rootlebuck biegen wir rechts in einen Feldweg ein, der uns die letzten Höhenmeter hinauf zum Egg-Berg abringt. Bei den 30 Metern Höhenunterschied kommt allerdings niemand ins Schwitzen. Nun gehts über die grosse Weite Richtung Nordwesten. Die sanften Hügel, Hochplateaus und Waldpartien erstrecken sich so weit unsere Augen reichen. Kurz vor Eugeschbüel mündet unser Feldweg in ein asphaltiertes Strässchen, das uns über ein Einfamilienhausquartier hinunter nach Basadingen bringt. Der Wanderweg ist vorbildlich markiert, so dass wir nirgends ratlos zur Karte greifen müssen. Wir überqueren die Trüllikerstrasse und setzen unseren Weg durch einen Quartierweg in Basadingen fort. Die beiden Dörfer Schlattingen und Basadingen sind zu einer Gemeinde zusammengefasst, wobei Letztere einige hundert Einwohner mehr aufweisen kann. Nach 250 Metern zweigen wir links in die Zwygartenstrasse ab, die schon nach wenigen Schritten ihren Hartbelag verliert und zum Feldweg wird. Nun gehts schnurgerade Feldern entlang und über mehrere Kreuzungen, einmal rechts, einmal links, dem markierten Wanderweg entlang bis zum Waldrand. Im Windihartwald zweigt unser Weg in einen fussbreiten «Buschpfad» ab. Wer mit dem Kinderwagen unterwegs ist, geht auf dem Feldweg weiter bis zur nächsten Verzweigung, hier scharf nach links, und schon nach wenigen Schritten trifft er wieder mit dem Wanderweg zusammen. Es bleibt noch der «Abstieg» ins Dörfchen Schlatt, wiederum sind es bloss 30 Höhenmeter. Die Bushaltestelle befindet sich bei der Post, über den Bahnhof Schlatt gehts mit der S3 oder dem Regionalzug zurück nach Schlattingen.

tipp:

Landgasthof Lamm, Schlatt

An unserem Wanderziel in Schlatt angekommen, bleibt bis zur Abfahrt des Busses noch etwas Zeit. Verbringen wir diese im Landgasthof Lamm. Die freundliche Atmosphäre und das gute Essen im geschmackvoll eingerichteten Riegelhaus lassen die Zeit schnell vergessen. Und vielleicht schliessen wir an unseren Nachmittagsausflug sogar ein Nachtessen an? Neben der gemütlichen Speisestube mit Gewölbedecke stehen auch ein Bankettsaal, das Restaurant, das «Ratzehüsli» und ein Garten mit Platanen zur Verfügung.

Zu den Hausspezialitäten gehören Beefsteak Tartare, serviert mit Toast und Butter, Entrecôte Café de Paris oder ein Cordon-bleu-Teller vom Schweinsnierstück mit bunter Gemüsegarnitur und Pommes frites.

Landgasthof Lamm
Frauenfelderstrasse 73
8252 Schlatt
Tel. 052 657 22 19
www.lammschlatt.ch

Idylle in Schlattingen: Die Fachwerkhäuser werden liebevoll gepflegt.

Die ländliche Umgebung mit ihren Feldern und Blumen lädt zum stillen Betrachten ein.

Stammheim – Kartause Ittingen 31
Badeseen, Klosterhopfen

Von Teichen und kleinen Seen wimmelt es nördlich von Andelfingen im Grenzgebiet der Kantone Zürich und Thurgau. Die Spuren des einstigen Thurtalgletschers sind unverkennbar. Der Nussbommer-, der Hüttwiler- und der Hasensee sind Relikte der Würmeiszeit, die vor 10 000 Jahren zu Ende ging. Allen dreien fehlen Zu- und Abfluss, sie sind sogenannte Toteisseen.

Unsere Route: Unterstammheim – Oberstammheim – Nussbommersee – Buch – Kartause Ittingen.

Zürich–Winterthur mit dem Intercity, weiter mit der S29 Richtung Stein am Rhein bis Stammheim.

Auf der A4 Winterthur–Schaffhausen bis Ausfahrt Andelfingen-Nord. Weiter über Ossingen, Gisenhard und Waltalingen nach Unterstammheim. Parkplätze beim Bahnhof.

Von Mitte April bis Ende Oktober. Der Abstieg zur Kartause Ittingen ist im Winter nicht zu empfehlen.

Die Wanderung dauert ohne Pausen und Baden im Nussbommersee rund 2 h 45 min.

Meist auf guten Feldwegen, teils auch schmale Fusswege – 87 m bergauf, 104 m bergab.

www.sbb.ch (Fahrplan)
www.stammheim.ch
www.kartause.ch
www.thurgau-touristinfo.ch

Unser Ziel, die Kartause Ittingen, ist schon allein ein Ausflug wert (Seite 116).

Oben: Entlang den Gross Nüninger Wiesen.
Unten: Sonnenblumenfelder sind überall.

Im Nussbommersee können wir uns an einem heissen Sommertag an einem idyllischen Badeplatz abkühlen. Der Eintritt ist frei.

Erfrischung im eiszeitlichen Badesee

Nach den Erläuterungen im sonst eher trockenen Bundesinventar für Landschaften und Naturdenkmäler von nationaler Bedeutung (BLN) soll es im Stammheimer Tal die schönsten Riegelbaudörfer der Schweiz geben. Lassen wir uns überraschen, wir werden nicht enttäuscht!
Unsere Wanderung beginnt am Bahnhof Stammheim, der sich auf dem Gemeindegebiet von Unterstammheim befindet. Gleich beim Bahnhof, wo auch einige Parkplätze zur Verfügung stehen, finden wir den ersten Wegweiser. Leider fehlt unser Ziel, die Kartause Ittingen, auf den gelben Schildern. Wir entscheiden uns für die Richtung Uerschhausen/Frauenfeld und spazieren auf dem Rietweg nach Osten. Wir kommen an der Friedrich-Baumschule und an der Sporthalle Stammertal vorbei und zweigen bei der Einmündung in die Dorfstrasse rechts ab. Hier erwarten uns bereits die ersten Riegelhäuser. Viele Gebäude wurden in den letzten Jahrzehnten geschmackvoll restauriert, nachdem der bäuerlich-mittelständische Fachwerkbau bei den Städtern in Mode kam. Beim Gasthof zum Hirschen, einer 1684 erbauten Wirtschaft, zweigen wir rechts in den Hornerweg. Auf der Landstrasse bleiben wir nicht lange, nach etwa 500 Metern schwenken wir bei einer alten Scheune links in einen Feldweg ein, der über die Gross Nüninger Wiesen zum See-

tipp:

Gasthof zum Hirschen

Der Hirschen in Oberstammheim ist ein prachtvolles, 1684 erbautes Riegelhaus und liegt mitten in der intakten Landschaft des Stammertales. Ob in der Gast- oder Hirschenstube, im Jägerstübli, im Turmofenzimmer oder in der Gartenwirtschaft, das Wirtepaar Nadja und Rainer F. Hoffer versteht es, seine Gäste zu verwöhnen. Sei es bei hausgemachten Kürbis-Gnocchi mit Marroni, Birnen und frischen Pilzen oder bei Wiener Tafelspitz mit Rösterdäpfeln, Schnittlauchsauce und Apfelkren. Wer keine Eile hat, kann im Gasthof zum

Altehrwürdige Riegelhäuser stehen in Unter- und Oberstammheim.

Der Zutritt zur Kartause Ittingen ist für jede Besucherin und jeden Besucher möglich.

Hirschen auch übernachten. Wir haben die Wahl zwischen einem Doppel- oder einem Himmelbettzimmer. Es ist ein ganz besonderes Erlebnis, in einem der bedeutendsten Bürgerhäuser des 17. Jahrhunderts Gast sein zu dürfen.

Gasthof zum Hirschen
Steigstrasse 4
8477 Oberstammheim
Tel. 052 745 11 24
www.hirschenstammheim.ch

hof führt. Hier gehts wieder wenige Schritte auf Hartbelag, bis wir hinunter zum Nussbommersee wandern und dem Uferweg folgen. Toteisseen sind wasserundurchlässige Mulden, in welchen die Gletscher der letzten Eiszeit schmolzen und als Wasser bis heute liegen geblieben sind. Keine Sorge, der See ist nicht eiskalt, und ein Bad in der Bucht von Riet wird sich lohnen. Direkt ans Ufer des Hüttwiler- und Hasensees kommen wir nicht mehr. Unser Weg führt über Hälferbärg zwischen den beiden Seen hindurch. Im Weiler Buch nehmen wir bei der Kapelle die Hüttwilerstrasse, verlassen diese aber bei erstbester Gelegenheit wieder. Der Wanderwegweiser dirigiert uns wieder auf einem Feldweg hinüber zu den Bauerngehöften von Vorderhorbe. Noch wenige Schritte, dann sind wir im Wald, was besonders im Sommer als willkommene Abkühlung empfunden wird. Auf dem Froststrässchen wandern wir nun in Richtung Warth, zweigen aber später rechts auf einen Wanderweg ab, der uns durch den steilen Wald hinunter zur Kartause Ittingen führt. Bevor wir mit dem Postauto von Warth nach Frauenfeld und von dort mit dem Intercity zurück nach Winterthur und Zürich fahren, lohnt sich ein Besuch in den Gebäuden des ehemaligen Kartäuserklosters mit seiner 800-jährigen Geschichte. Im Garten wird wie in alter Zeit der Klosterhopfen angebaut; eine bis zu 6 Meter hohe Schlingpflanze und wichtiger Bestandteil des Biers.

Entdeckungen im Kloster **32**

Kartause Ittingen

Die Kartause Ittingen liegt inmitten der stillen Schönheit der Thurlandschaft. Das ehemalige Kloster ist ein stimmungsvoller Ort und in vielerlei Hinsicht ein kultureller Höhepunkt der Region. Hier finden Gartenfreunde Hunderte von historischen Rosensorten, und Kulturbegeisterte kommen im Ittinger Museum und im Kunstmuseum Thurgau auf ihre Kosten.

 Die Kartause Ittingen, 416 m ü. M., liegt gegenüber der Stadt Frauenfeld an erhöhter Hanglage über der Thur.

 SBB bis Frauenfeld, mit dem Postauto (Linien 823+825) bis Warth, dann 5 Minuten zu Fuss.

 Auf der A7 bis Ausfahrt Frauenfeld-West, weiter über Warth zur Kartause Ittingen (den braunen Kulturwegweisern folgen).

 Kartause: Täglich geöffnet, über Weihnachten/Neujahr geschlossen. Museum: April bis September Mo–Fr, 14 bis 18 h / Sa, So und Feiertage, 11 bis 18 h, Oktober bis März jeweils bis 17 h.

 Gastwirtschaftsbetrieb mit idyllischer Gartenbeiz, Klosterladen mit hochwertigen Hausspezialitäten.

 Kartause Ittingen
8532 Warth
Tel. 052 748 44 11
info@kartause.ch
www.ittingermuseum.tg.ch
www.kunstmuseum.ch
www.kartause.ch

Unter schattigen Sonnenschirmen hauseigene Produkte und den Sommer geniessen.

*Mitte: Kunstmuseum Thurgau.
Unten: Ittinger Museum, Klosterkirche.*

Fotos: Kartause Ittingen

Die Gärten der Kartause laden das ganze Jahr hindurch zum Lustwandeln ein. Sie sind frei zugänglich.

Auf den Spuren der Kartäusermönche

Das Ittinger Museum bietet Einblicke in die verborgene Lebenswelt der Kartäusermönche. Leben und Glauben der «schweigenden Mönche» erschliesst sich in den authentisch erhaltenen Räumen. Bauliches Zentrum und zugleich künstlerischer Höhepunkt der Anlage ist die Kirche, die der Mönchsgemeinschaft als spiritueller Mittelpunkt diente. Das Kunstmuseum ist die bedeutendste Institution für den Bereich bildender Kunst im Thurgau. Gezeigt werden schwerpunktmässig Aussenseiterkunst, Werkgruppen von Kunstschaffenden der Region sowie internationale Positionen der Gegenwartskunst. Im geschichtlich geprägten Umfeld des ehemaligen Kartäuserklosters entfalten die Kunstwerke eine Ausstrahlung von besonderer Intensität. In den Gärten treffen Spuren historischer Bauten oft unmittelbar auf heutige Nutzungen. Im ehemaligen Prioratsgarten stehen etwa die Steinbänke der amerikanischen Künstlerin Jenny Holzer direkt vor der historischen Fassade. Einige Schritte weiter versorgt der Kräutergarten mit altem Gewächs den aktuellen Gastwirtschaftsbetrieb mit Würze. Was auf rund 100 Hektaren Feld, Rebberg, Wald und Gärten sowie in den Stallungen und Gewässern lebt und gedeiht, wird in den modernen Betrieben der Kartause zu hochwertigen Spezialitäten veredelt und findet seinen Weg in die Küche oder in den Klosterladen.

Steckborn – Mammern 33
Am Untersee

Die 3500 Einwohner zählende Thurgauer Gemeinde Steckborn bezeichnet sich als «Zentrum am Untersee». Hier lässt es sich gut leben: der See direkt vor der Haustür, viele historische Riegelhäuser, eine moderne Bahn mit guten Anschlüssen sowie schönste Wander- und Radwege in unmittelbarer Umgebung.

Unsere Route: Steckborn – Weiermühle – Glarisegg – Chuehörnli – Langhorn – Mammern.

InterRegio Zürich–Schaffhausen, mit dem Thurbo entlang dem Untersee bis Steckborn.

Auf der A1 bzw. A7 via Winterthur bis Frauenfeld-Ost, weiter über Pfyn und Hörhausen nach Steckborn.

Die Wanderung ist das ganze Jahr, wenn kein Schnee und Eis liegt, möglich. Ohne Laub an den Bäumen ist die Sicht auf den See schöner.

Die Wanderung dauert rund 2 h. Der Aufenthalt in den Badebuchten verlängert die Tour.

Zwischen Glarisegg und Langhorn teilweise schmaler Uferweg, kein Höhenunterschied.

www.sbb.ch (Fahrplan)
www.steckborntourismus.ch
www.steckborn.ch
www.mammern.ch

Das idyllische Seequartier von Mammern ist einen Abstecher wert.

Oben: Gasthaus Adler in Mammern.
Unten: Thurbo, unterwegs bei Steckborn.

Fotos: Ronald Gohl

Westlich von Glarisegg bieten sich uns herrliche Bademöglichkeiten – eine willkommene Erfrischung bei Gross und Klein.

Viele Riegelhäuser und ein Badesee

Steckborn erreichen wir mit der Bahn von Zürich aus über Schaffhausen, wo wir in die Nahverkehrszüge der Bodenseelinie umsteigen und bis Steckborn reisen. Mit dem Auto fahren wir über Winterthur nach Frauenfeld, von wo aus wir über eine Nebenstrasse via Pfyn und Hörhausen am schnellsten nach Steckborn gelangen. Parkplätze gibts direkt am See beim alten Schulhaus. Von dort aus spazieren wir auf der Hauptstrasse zur Post und weiter über ein kleines Weglein zum Bahnhof hinauf, wo unsere eigentliche Wanderung beginnt.

Wir marschieren in südwestlicher Richtung bis zum Coop-Center, wo eine Unterführung auf die andere Bahnhofseite führt. Bei der katholischen Kirche zweigen wir rechts ab und gelangen nach der Kreuzung Weierstrasse zur Bernina-Nähmaschinenfabrik. Nach einigen weiteren Wanderschritten entdecken wir an einer Kreuzung zwei schöne alte Riegelbauten – die vorbildlich restaurierte Weiermühle stammt aus dem Jahre 1459. Wir folgen dem Wegweiser nach Mammern, ein Quartiersträsschen führt uns leicht bergab, bis wir vor der Bahnunterführung nach links abzweigen. Nun wandern wir parallel zur Bahn an Einfamilienhäusern vorbei, auf der anderen Seite der eingleisigen Strecke entdecken wir den Untersee und das gegenüberliegende deutsche Ufer. Wenn unsere Kinder das

Strandbad gesehen haben, das leider von unserer Seite wegen der Bahnlinie nicht zu erreichen ist, so können wir sie auf später vertrösten. Es gibt noch genügend Gelegenheiten zu baden. Wir kommen zur Hauptstrasse und folgen dieser auf dem Trottoir wenige Meter bis zum Wegweiser, der auf die gegenüberliegende Seite zeigt. Nachdem wir Strasse und Bahnlinie überquert haben, gehts an der Schulstiftung Glarisegg (einer Sonderschule in einem wunderschönen Riegelbau direkt am See) vorbei. Ab hier beginnt ein Naturweg. Nachdem wir ein kleines Bächlein auf einer Holzbrücke überquert haben, müssen wir uns entscheiden: Entweder wir folgen dem schmalen Weglein dem See entlang, oder wir steigen hoch zur Ruine Neuenburg. Die erste Variante ist gemütlicher, denn es bieten sich direkt am See Ruhebänke und Bademöglichkeiten. Dem Fussweg folgt ein breiterer Feldweg. Wir kommen an modern geführten Obstplantagen vorbei und erreichen eingangs Mammern beim Wohnwagenpark schliesslich wieder Hartbelag. Im Seerestaurant Gartenlaube können wir uns erfrischen und dann die letzten Meter zur Hauptstrasse und bis zum Bahnhof Mammern zurücklegen.

Mit der Bahn fahren wir zurück nach Steckborn, wo unser Auto steht – oder wir nehmen den Zug in die andere Richtung via Schaffhausen zurück nach Zürich.

Die Weiermühle, direkt am Dorfbach, wurde vor Kurzem vorbildlich restauriert.

Kurz vor dem Bahnhof Mammern kommen wir an der Kirche und am «Adler» vorbei.

tipp:

Museum Lindwurm

Wie haben die Kinder gutbürgerlicher Eltern im 19. Jahrhundert gespielt? Wer machte den Haushalt? Wie wurde gekocht? Das Museum Lindwurm in Stein am Rhein entführt uns in eine ganz andere, fremde Welt. Wir erfahren, wie eine Familie in längst vergangener Zeit in Stein am Rhein gelebt hat. Im Herrenhaus gehen wir durch die verschiedenen Räume und haben dabei das Gefühl, als hätten die Bewohner bis vor Kurzem noch in den Stuben, im eleganten Empiresalon, in der «Beletage» oder im Kinder- und Bügelzimmer gelebt.

Auch Waschküche und Vorratsräume wie Keller und Estrich werden in ihrer damaligen Funktion gezeigt. Die Museumsbesucher erhalten dank zahlreicher Zusatzinformationen einen umfassenden Überblick von der damaligen Lebensweise.

Museum Lindwurm, Understadt 18
8260 Stein am Rhein
Tel. 052 741 25 12
www.museum-lindwurm.ch

Naturparadies in Stadtnähe **34**
Wild und Wald

Zwischen Zürich und Zug, im Tal und auf den Höhenzügen entlang der Sihl, liegt der Sihlwald. Er weist die grösste zusammenhängende Waldfläche im Schweizer Mittelland auf. In unmittelbarer Nachbarschaft befindet sich der Wildpark Langenberg, wo einheimische und ehemals einheimische Tiere in naturnahen Anlagen gehalten werden.

 Mit der S4 (SZU) ab Zürich HB bis Wildpark-Höfli (20 min Spazierweg bis Zentrum Wildpark Langenberg) oder bis Bahnhof Sihlwald (5 Gehminuten zum Naturzentrum).

 Dank den guten Bahnverbindungen können wir das Auto zu Hause lassen. Gebührenpflichtige Parkplätze.

 Das Naturzentrum ist vom 21. März bis Ende Oktober von 12.00 bis 17.30 Uhr geöffnet (Wochenende und Feiertage ab 9.00 Uhr).

 Der Besuch des Wildparks ist nachmittagsfüllend, ebenso die beschriebene Rundwanderung im Sihlwald.

 Restaurant mit Gartenwirtschaft im Wildpark. Mehrere Feuerstellen im Sihlwald.

 Wildpark Langenberg
Tel. 044 713 22 80
www.wildpark.ch
Naturzentrum Sihlwald
Tel. 044 720 38 85
www.sihlwald.ch

Im Sihlwald werden Bäume und Totholz sich selbst überlassen.

Mitte: Wildkatze im Wildpark Langenberg.
Unten: Rundwanderweg im Sihlwald.

Fotos: Grün Stadt Zürich – Datenquelle Karte: GIS Sihlwald

Dieser Hirsch mit seinem mächtigen Geweih fühlt sich im Wildpark Langenberg in unmittelbarer Nachbarschaft zum Sihlwald wohl.

Ein Nachmittag im Zeichen der Natur

Ein Nachmittagsspaziergang im Wildpark Langenberg führt uns an grosszügigen Tieranlagen von Wolf, Bär, Luchs, Murmeltier und elf anderen Tierarten vorbei. Eine interaktive Beschilderung ermöglicht, spielerisch das Wissen über Wildtiere zu vertiefen. Ein Restaurant mit Gartenwirtschaft und zwei Spielplätze runden das Angebot ab. Im Besucherzentrum «Naturzentrum Sihlwald» gibt es Informationen über den seinen eigenen Gesetzen überlassenen Sihlwald und über Möglichkeiten für schöne Spaziergänge und Wanderungen. Als Einstimmung lohnt sich der Besuch der Ausstellung «Vom Nutzwald zum Naturwald» und der wechselnden Sonder-ausstellungen. Auf dem Gelände finden Sie weitere Attraktionen wie die Biber-Fischotter-Anlage und den Walderlebnispfad.

Eine 5,2 Kilometer lange Rundwanderung zeigt die einzigartige Natur des Sihlwaldes sehr schön: Vom Bahnhof Sihlwald überqueren wir die Sihl. Ein schmaler Fussweg führt vom Sihlboden her steil durch den Wald hinauf zur Erlenmooshütte. Am Erlenmoos – einem Naturschutzgebiet – vorbei, gehts durch Jungwald mit viel stehendem und liegendem Totholz. Der Weg führt um das Schlegeltobel herum und dem Walderlebnispfad entlang zum Naturzentrum Sihlwald.

Uetliberg – Felsenegg **35**
Eine «Gratwanderung»

Parallel zum Zürichsee erhebt sich zwischen der Stadt und dem Hirzelpass ein lang gestreckter, grösstenteils bewaldeter Bergrücken – der Albis. Schon im Jahre 1875 hat man den 869 Meter hohen Uetliberg bahntechnisch erschlossen. Mit 79 Promille Steigung gilt die Uetlibergbahn als steilste Schienenbahn ohne Zahnrad oder Drahtseil von ganz Europa.

Unsere Route: Uetliberg – Uto Staffel – Annaburg – Folenweid – Balderen – Felsenegg.

Mit der S10 direkt vom Bahnhof Zürich (unterirdische Abfahrt) auf den Uetliberg.

Wer aufs Auto nicht verzichten kann, fährt zunächst durchs Sihltal bis Adliswil (Parkplatz bei der Seilbahn). Von dort mit der S4 zurück zum Hauptbahnhof und mit der S10 auf den Uetliberg.

Das ganze Jahr. Die Wege sind oft auch im Winter, wenn Schnee auf dem Uetliberg liegt, gepfadet.

Die Wanderung zur Felsenegg dauert, wenn wir es gemütlich nehmen, rund zwei Stunden.

Meist auf Kieswegen, letztes Teilstück leicht exponierter Waldweg – 136 m bergauf, 149 m bergab.

www.sbb.ch (Fahrplan)
www.szu.ch
www.utokulm.ch
www.zvv.ch

Oben: Auf dem Uetliberg gehts mit verschiedenen Bauernhöfen ländlich zu und her.

Oben: Unterwegs mit der Uetlibergbahn.
Unten: Meist treffen wir viele Wanderer.

Fotos: Phillipe Cruz

Besonders im Winter und im Frühjahr verdeckt das Laub der Baumkronen noch nicht die herrliche Aussicht auf Zürich und den Zürichsee.

Hoch über den Dächern Zürichs

Ein Ausflug auf den Uetliberg, den Hausberg der Zürcher, lohnt sich nicht nur für Einheimische, sondern für alle Wanderbegeisterte. Der gemütliche Panoramaweg vom Uetliberg zur Felsenegg gehört zu den beliebtesten Höhenwegen der Schweiz. Unterwegs gibt es denn auch viel zu sehen, zum Beispiel den Blick hinunter auf den Zürichsee oder die zahlreichen Sende- und Aussichtstürme.

Wir erreichen den 869 Meter hohen Uetliberg vom Hauptbahnhof Zürich aus mit der Uetlibergbahn S10. Die orangen Züge der SZU bringen uns in wenigen Minuten bis zur Station auf 813 m ü. M. Als Erstes steigen wir vom Bahnhof links die Treppenstufen zum Gratweg hinauf, der Ausgangspunkt für die Planetenwanderung ist. In dieser Richtung befindet sich auch das Uto Kulm «Top of Zurich», ein Vier-Sterne-Hotel. Beim Wegweiser folgen wir dem Pfad zur Felsenegg. Es dauert wenige Zeit, so erreichen wir mehrere schön gelegene Picknickplätze in der Nähe des grossen Swisscom-Sendeturms, von wo aus wir einen herrlichen Blick hinunter auf die Stadt Zürich und bis weit über den Zürichsee hinaus geniessen können.

Wir folgen nun dem Wegweiser Richtung Balderen und gelangen über das Restaurant Uto Kulm (Aussichtsturm) zu einem Brunnen,

tipp:

Gasthaus Felsenegg

Ob bei Tag, mit Sicht über die Stadt Zürich zur Linken, den ausgebreiteten Zürichsee zu Füssen und zur Rechten die schneebedeckten Bergspitzen der Glarner Alpen, oder bei Nacht, mit einem Meer aus Tausenden funkelnden Lichtern rund um den Zürichsee, eine Traumaussicht, die jeden überwältigt. Das atemberaubende Panorama von der Felsenegg haben auch schon Dichter beschrieben.
Das Gasthaus Felsenegg mit seiner Aussichtsterrasse befindet sich nur fünf Gehminuten südlich der Bergstation Felsenegg. Bevor wir mit der

Der Abstecher zum Aussichtsturm lohnt sich – abenteuerlich ist die Felsentreppe.

An heissen Tagen können wir uns am Brunnen unterhalb vom Uto Kulm abkühlen.

Luftseilbahn ins Tal schweben, lohnt sich nach unserer Wanderung ein Abstecher auf die Felsenegg, zum Beispiel zu einem feinen Znacht mit Blick auf Zürich als Krönung unseres Nachmittagsausfluges!

Gasthaus Felsenegg
Felsenegg 596, 8143 Felsenegg
Tel. 044 710 77 55
www.felsenegg.com

wo wir uns an heissen Sommertagen etwas abkühlen können. Bei der Wegkreuzung Uto Staffel wandern wir geradeaus weiter ein wenig bergauf. Unterwegs können wir uns auf eine der zahlreichen Ruhebänke setzen und die schöne Aussicht geniessen. Unser Weg führt uns über Annaburg und Folenweid nach Mädikon, wo wir eine Transportseilbahn entdecken. Unmittelbar bei der Bergstation werfen wir einen lohnenden Blick hinunter zum Zürichsee. Weiter gehts zum Bergrestaurant Balderen, das seit einiger Zeit geschlossen ist. Von hier aus folgen wir dem Naturweg entlang dem Waldrand und nicht mehr dem breiten Kiessträsschen. In einer Waldlichtung liegt die Ruine der ehemaligen Burg Balderen. Hiervon sind nur noch Mauerreste vorhanden. Wir folgen weiter dem Grat, bis wir den 51 Meter hohen Sendeturm «Felsenegg-Girstel» der Swisscom entdecken. Das letzte Teilstück bis zur Bergstation der Luftseilbahn Adliswil–Felsenegg wandern wir auf einem guten Wanderweg, der auf beiden Seiten steil abfällt. Das Restaurant Felsenegg befindet sich südlich der Seilbahn. Schliesslich fahren wir mit der Felseneggbahn nach Adliswil hinunter, spazieren in ca. zehn Minuten zum Bahnhof und fahren mit der Sihltalbahn S4 der SZU zurück zum Hauptbahnhof Zürich.

Winterparadies über der Stadt
Der Uetliberg im Winter

36

Über Nacht hats geschneit, Freude herrscht bei Kindern. Wir brauchen nicht gleich ins Toggenburg oder ins Bündnerland zu fahren, auf dem Uetliberg herrschen ebenfalls paradiesische Winterverhältnisse mit verschneiten Bäumen, gepfadeten Wegen und vielem mehr. Der ideale Nachmittagsausflug für den frisch verschneiten Wintertag!

Der Uetliberg, 869 m ü. M., ist der Hausberg der Zürcher und gilt als beliebtes Naherholungs-Ausflugsziel.

Mit der S10 direkt vom Bahnhof Zürich (unterirdische Abfahrt) auf den Uetliberg.

Das Auto lassen wir am frisch verschneiten Wintertag am besten zu Hause – oder wir parken in einem Parkhaus Nähe Bahnhof.

Die Uetlibergbahn S10 verkehrt täglich, im Winter werden die Wege nach Schneefällen gepfadet.

Wir können im Winter in zwei Stunden zur Felsenegg wandern oder in rund einer Stunde entlang der Bahn zur Station Uitikon Waldegg absteigen.

Verpflegen können wir uns in den Restaurants Uto Kulm, Uto Staffel und Felsenegg.

SZU, Sihltal Zürich Uetliberg Bahn, Manessestrasse 152
8045 Zürich
Tel. 044 206 45 11
www.szu.ch

Wandern zwischen Sonne und Nebel – die Winterwanderwege auf dem Uetliberg.

Mitte: Die Zugfahrt stimmt uns ein.
Unten: Herrliche Ausblicke von der Albiskette.

Was gibt es Schöneres, als an einem kalten Januarmorgen direkt vom Hauptbahnhof Zürich ins Winterparadies zu fahren? Die Reise dauert nur wenige Minuten!

Eisblumen und Spuren im Schnee

Seit 1875 verbindet die Uetlibergbahn die Stadt Zürich mit ihrem Hausberg. Die Bahnlinie erfreute sich schon in den ersten Jahren grösster Beliebtheit, und dies hat sich bis heute nicht geändert. Inzwischen fährt Familie Zürcher noch immer gern auf den Uetliberg. Der Ausflug hoch über der Stadt lohnt sich aber nicht nur im Sommer, auch im Winter spricht viel für eine kürzere oder längere Visite auf dem Hausberg der Zürcher. Sei es nur, um kurz etwas Sonne zu tanken, wenn die winterliche Nebeldecke auf die Gemüter drückt, oder um nach anhaltenden Schneefällen sich wie im tief verschneiten Norwegen zu fühlen: märchenhafte Wälder, die Weite auf den Hochplateaus, Eisblumen, Spuren im Schnee, unser Atem dampft. Die Nähe der Stadt rückt in weite Ferne.
Die Wege auf dem Uetliberg werden im Winter gepfadet, so zum Beispiel auch die klassische Wanderung über Annaburg, Folenweid und Balderen zur Felsenegg (siehe Seite 124). Willkommen nach der zweistündigen Wanderung ist die Einkehr im Gasthaus Felsenegg, zum Beispiel zu einem wärmenden Fondue, bevor wir mit der Luftseilbahn nach Adliswil und mit der S4 zurück zum Hauptbahnhof fahren. Beliebt ist aber auch die Wanderung vom Uetliberg über Ringlikon und Büel zur Station Uitikon Waldegg, wo bei guten Schneeverhältnissen auch Schlittler unterwegs sind.

Rundwanderung Türlersee 37
Hinter den Bergen

... bei den sieben Zwergen. Fast so könnte man die Landschaft rund um den Türlersee bezeichnen. Einerseits fühlt man sich fern der Stadt, andererseits in eine Märchenlandschaft versetzt. Aus diesem Grund fand das bereits 1944 unter Schutz gestellte Gewässer auch Eingang ins Bundesinventar der Landschaften und Naturdenkmäler von nationaler Bedeutung.

Unsere Route: Türlen – Strandbad – Seeholz – Allmänd – Seehüsliried – Türlerberg – Türlen.

Mit der S8 von Zürich HB bis Zürich Wiedikon, weiter mit dem Postauto (Linie 236) Richtung Hausen am Albis bis Türlersee.

A3 Zürich–Chur bis Ausfahrt Thalwil, weiter über Langen am Albis und über den Albispass zum Türlersee. Parkplätze bei Türlen.

Die Wanderung ist das ganze Jahr möglich, nach Schneefällen wird der Weg nicht gepfadet.

Die Wanderung dauert, wenn wir es gemütlich nehmen, 1 h 45 min.

Rund um den See führt ein gut zu begehender, breiter Wanderweg, auch mit Kinderwagen möglich. 30 m bergauf und bergab.

www.sbb.ch (Fahrplan)
www.hausen.ch
www.tuerlersee.ch
www.erpel.ch

Informationstafeln geben Auskunft über Fauna und Flora am Türlersee.

*Oben: Beliebte Holzstege für Badegäste.
Unten: Seerosen im Seehüsliried.*

Fotos: Ronald Gohl

Einer Zürcher Sage zufolge soll auf dem Grund des Sees ein Bauernhof liegen, der Fluch der Bauerntochter füllte aber das Tal mit Wasser.

Violetter Silberling und Kleines Knabenkraut

Am 4. Februar 1934 trafen sich in einem Hausener Gasthaus eine Handvoll Naturfreunde zur Gründung des Türlersee-Schutzverbandes. Damals, als das Waldsterben oder der Klimawandel noch kein Thema waren, las man in der Einladung zur Versammlung: «Aus verschiedenen Erscheinungen der letzten Zeit ging der zwingende Gedanke hervor, das liebliche Kleinod unseres Amtes, den Türlersee, nach Möglichkeit zu schützen, bevor die Verschandelung noch grösser wird.» Zehn Jahre später wurde der Türlersee offiziell unter Schutz gestellt, die Bemühungen der weitsichtigen Naturfreunde haben sich damit gelohnt!

Von der Bushaltestelle Türlersee bzw. vom Parkplatz am Waldrand bis zum Wasser sind es nur wenige Schritte. Den ersten Wegweiser finden wir bei der Abzweigung eines schmalen Strässchens. Es führt zunächst noch auf Hartbelag parallel zum Bach und Campingplatz bis zum Restaurant Erpel, dort schwenken wir rechts in einen Kiesweg ein, der hinunter ins Naturschutzgebiet und zum See führt. Beim Zaun des Strandbades müssen wir nach links, der Seeweg durch die Badi bleibt von Juni bis August geschlossen. Schon nach wenigen Schritten erreichen wir die erste grüne Informationstafel, auf der wir mehr über den Türlersee, seine Fauna und Flora erfahren. Die Landschaft am stillen Gewässer setzt sich

tipp:

Die Sage der Bauerntochter

Vor vielen hundert Jahren soll sich an Stelle des Türlersees ein grünes, fruchtbares Tal mit einem reichen Bauerngut ausgebreitet haben. Die einzige Tochter des Bauern war jung und schön, dies fiel auch dem Schlossherrn auf der Schnabelburg auf, der ihr leidenschaftlich nachstellte. Weil das ehrbare Mädchen den Schürzenjäger zurückwies, verbündete sich dieser mit dem Vater. Er sollte seine Tochter unter Vorspiegelung falscher Tatsachen um Mitternacht auf die Schnabelburg führen. Dafür würde er reich belohnt. Der Schlossherr öffnete

Sehenswerte Fachwerkhäuser und geschnitzte Tierfiguren im Weiler Türlen.

Unsere Wanderung führt auch durch dichtes Buschwerk und entlang von hohen Bäumen.

selbst das Tor seiner Burg, und als das Mädchen merkte, was hier gespielt wurde, zog er es gewaltsam in die düstere Festung. Dabei stiess die Bauerntochter einen markerschütternden Schrei der Verwünschung gegen ihren Vater aus. Im selben Augenblick flammte ein fürchterlicher Blitz auf, die Erde öffnete sich und verschlang den Bauernhof mitsamt der Burg. Am nächsten Morgen lag im Tal ein friedlicher See.

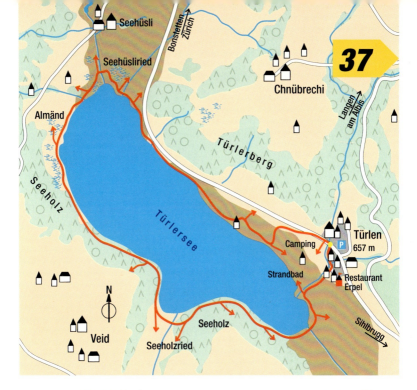

aus unterschiedlichen Naturräumen zusammen: natürlichen Ufern, Flachmooren, Hangriedern und Trockenwiesen. Der Violette Silberling, eine Schmetterlingsart, der Gelbringfalter, die Erdkröte und Ringelnatter sind hier genauso zu Hause wie das Kleine Knabenkraut. Wir zweigen bei der Informationstafel rechts ab und folgen dem Schilfgürtel des Sees. Wer seine Badehose dabei hat, kann da und dort bei einem Holzsteg den Sprung ins erfrischende Wasser wagen. Unser Weg führt leicht bergauf, im Seeholz verlieren wir den Blickkontakt zum Ufer, und wir achten auf die Wegweiser, die uns über das Seeholzried auf einen Forstweg führen, der uns wieder direkt zum See bringt. Mit etwas Glück finden wir noch eine idyllische, freie Badebucht. Bei der nächsten Infotafel im Seehüsliried überqueren wir das Brücklein und wandern am gegenüberliegenden Ufer zurück. Der Türlersee ist nicht, wie es die Sage erzählt, aufgrund der Verwünschung einer Bauerntochter entstanden, vielmehr kann der Gletscher der letzten Eiszeit dafür verantwortlich gemacht werden. Beim Rückzug der Eismassen kam es aufgrund fehlenden Eisdrucks zu einem Bergsturz. Dabei wurde der heutige Türlersee aufgestaut. Unterhalb der Strasse gehts nun bis zum Campingplatz. Hier weist uns im Sommer wieder ein Schild zur Strasse hinauf. Haben wir diese erreicht, sind es nur noch wenige Schritte bis zum Ausgangspunkt im Weiler Türlen.

Menzingen – Baar **38**

Im Reich der Stalaktiten

Unsere Wanderung liegt zwar im Kanton Zug, von Zürich aus ist Menzingen aber in weniger als einer Stunde mit den öffentlichen Verkehrsmitteln zu erreichen. Wer also gleich nach dem Mittagessen losfährt, kann auch eine etwas längere Wanderung unternehmen und die Höllgrotten in Baar besuchen – ein lohnender, nachmittagfüllender Ausflug.

Unsere Route: Menzingen – Chälenwald – Lüthärtigen – Hinterburg – Feld – Höllgrotten – Baar.

InterRegio Zürich–Zug, mit dem Bus Nr. 2 nach Menzingen, von Baar mit dem 3er zurück nach Zug.

Von Zürich durchs Sihltal nach Sihlbrugg. Beim Kreisel der Beschilderung nach Menzingen folgen.

Die Wanderung ist das ganze Jahr, wenn kein Schnee und Eis liegt, möglich. Die Höllgrotten sind von April bis Oktober geöffnet.

Die Wanderung dauert 3 h 30 min, für den Höhlenbesuch benötigen wir zusätzlich 30–45 min.

Meist auf gut markierten Wegen, beim Chällenwald leichte Unklarheiten beim Wegverlauf. 50 m bergauf, 405 m bergab.

www.sbb.ch (Fahrplan)
www.menzingen.ch
www.hoellgrotten.ch
www.baar.ch

Bezaubernde unterirdische Welt mit geheimnisvollen Seen in den Höllgrotten.

Oben: Fischweiher oberhalb Hinterburgs.
Unten: Wiesenweg bei Lüthärtigen.

Fotos: Ronald Gohl

Typisches, stattliches Innerschweizer Holzhaus im zugerischen Hinterburg, das noch immer als Bauernhaus genutzt wird.

Vom Himmel in die Höll …

… oder vom Kloster zu den Höhlen. Menzingen, das Zuger Klosterdorf, liegt auf einem Hochplateau zwischen den Flüssen Sihl und Lorze. Um nach Menzingen auf 805 m ü. M. zu gelangen, steigen wir beim Bahnhof Zug in den Bus der Linie 2 und fahren damit in knapp 20 Minuten bis zur Haltestelle Post in Menzingen. Autofahrer finden beim Schulhaus gebührenfreie Parkplätze.
Bei der Post beginnt unsere Wanderung nach Baar. Wir orientieren uns kurz auf dem grossen Wegweiser. Weil wir nicht parallel zur Strasse wandern wollen, folgen wir dem gelben Schild in Richtung Holzhäusern – und nicht etwa Baar. Unser Weg führt zwischen dem Hotel Löwen und der Kirche in Richtung Norden. Bis zum Ochsenhof gehen wir auf dem Trottoir, verlassen dieses beim nächsten Wegweiser, der zum Chälenwald zeigt. Doch Vorsicht: Das Strässchen führt zu einem Bauernhof – schon nach 40 Metern verlassen wir dieses und gehen über die Wiese zum Waldrand. Gelbe Wegweiser-Rhomben an den Bäumen versichern uns, dass wir auf dem richtigen Pfad sind. Nach einem kurzen Abstieg im Wald zweigen wir links Richtung Lüthärtigen ab. Es folgt ein schattiger Weg durch den Chälenwald mit stetem Auf und Ab. Bei der nächsten Kreuzung im Wald folgen wir dem Weg leicht nach rechts und erreichen schon nach wenigen Schritten eine Hochebene, von der

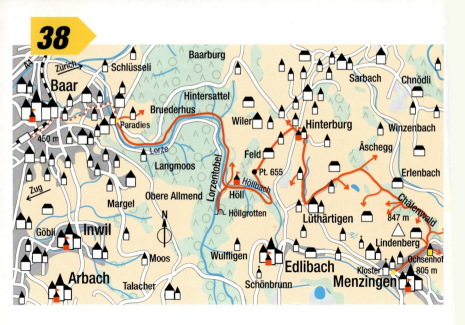

aus wir einen herrlichen Blick über das Hügelland geniessen. Unser Pfad, teilweise nur eine Wegspur auf der Wiese, führt zu einem Feldweg, wo wir links abzweigen und nach einigen Minuten den Weiler Lüthärtigen erreichen. Auf der Kreuzung gibts einen schmalen Weg, der zwischen den Häusern hindurch nach Hinterburg führt. Alles ist bestens markiert, so dass wir gut vorankommen. Wir spazieren einem Bächlein entlang und erreichen einen Tümpel mit einer idyllisch gelegenen Ruhebank. Der ideale Ort für ein Picknick! Am kleinen Haus vorbei, gehts hinunter nach Hinterburg, wo wir die Strasse überqueren und rund 100 Meter auf dem Trottoir Richtung Zug spazieren. Bei dem schönen Innerschweizer Holzhaus biegen wir links in einen Schotterweg nach Feld ein. An Bauernhäusern vorbei, gehts nun zum Punkt 655, wo unser Abstieg in das Lorzentobel beginnt. Unterwegs können wir am Waldrand an einer Feuerstelle unsere mitgebrachten Würste braten, falls wir nicht schon am Weiher Halt gemacht haben.

Bei Höll empfiehlt es sich, zunächst links zu den Höllgrotten abzuzweigen und diesen fantastischen Höhlen einen Besuch abzustatten. Wir können uns ohne Führung frei im unterirdischen Höhlenreich bewegen (nicht in der Wanderzeit eingerechnet, zusätzlich ca. 30–45 Minuten). Die Tropfsteine, bestehend aus Stalaktiten und Stalagmiten, faszinieren jeden Besucher. Anschliessend folgen wir dem rechten Ufer der Lorze und treffen nach etwa 45 Minuten in Baar ein. Bei der Haltestelle Paradies fahren wir mit dem Bus der Linie 3 zurück zum Bahnhof Zug.

Von Lüthärtigen folgen wir einem Bach, der bald im Wiesenland versickert.

Menzingen, bereits 1060 erstmals erwähnt, weist eine Reihe schöner Bauten auf.

tipp:

Höllgrotten Baar

Inmitten des wildromantischen Lorzentobels befinden sich die Höllgrotten (vom 1. April bis 31. Oktober geöffnet), die äusserst sehenswerten Tropfsteinhöhlen in der Nähe von Baar im Kanton Zug. Die unterirdische Zauberwelt ist reichhaltig mit Tropfsteinformationen ausgeschmückt. Kleine Seen, Stalagmiten und Stalaktiten in den unterschiedlichsten Farbnuancen geben jeder Höhle ihren eigenen Charakter. Im Laufe der Jahrtausende von kalkhaltigen Quellen gebildet, wurden die Höllgrotten Baar Ende des 19. Jahrhunderts beim Abbau

von Tuffsteinen entdeckt. Das unterirdische Zauberreich ist heute elektrisch beleuchtet, und die Höhlen sind mit guten Weganlagen untereinander verbunden. Den Höhlenbesuch kann man mit einer Stärkung im gleich nebenan gelegenen Waldrestaurant Höllgrotten verbinden.

Höllgrotten, 6340 Baar
Tel. 041 761 83 70
www.hoellgrotten.ch
info@hoellgrotten.ch

Morgarten – Unterägeri   **39**
Panorama am Ägerisee

Wo einst die Säbel rasselten und die Hellebarden laut auf die Helme der Krieger niederfuhren, ist heute Ruhe eingekehrt. Einzig das Morgartendenkmal am Hang über dem Ägerisee erinnert an die für die Eidgenossen siegreiche und entscheidende Schlacht im Jahre 1315. Heute geniessen Spaziergänger und Velofahrer die Schönheit und Stille der Landschaft.

Unsere Route: Morgarten – Neselen – Nas – Bergmatt – Wilbrunnen – Lido – Unterägeri.

Mit dem IC bis Zug, weiter mit dem Bus Nr. 1 bis Oberägeri und von dort aus mit dem 9er bis Morgarten.

A3 Zürich–Chur bis Ausfahrt Richterswil, weiter über Schindellegi und Rothenthurm bis Sattel, dort rechts ins Ägerital abzweigen und bis Morgarten fahren.

Das ganze Jahr, wenn kein Schnee oder Eis liegt, ideal zum Wandern sind die ersten Frühlingstage.

Die Wanderung dauert, wenn wir es gemütlich nehmen, 2 h 15 min.

Gut ausgebauter Wanderweg, problemlos mit Kinderwagen machbar – 40 Höhenmeter beim Abstecher zum Denkmal.

www.sbb.ch (Fahrplan)
www.morgarten.ch
www.aegerisee.ch
www.unteraegeri.ch

Unsere ersten Schritte führen dem Trottoir entlang bis zum Restaurant Morgarten.

Oben: Hofladen bei Wilbrunnen.
Unten: Zaghaft blüht es schon im März.

Die Wanderung von Morgarten über Nas nach Unterägeri ist bei Familien sehr beliebt.

Idyllischer Friede am romantischen See

Der türkisblaue, rund sieben Quadratkilometer grosse Ägerisee mit seiner idyllischen Uferlandschaft, dem schmalen Schilfgürtel und seinen gut markierten Wanderwegen ist bei den Zürchern und Zugern ein bekannten Naherholungsziel.

Wir erreichen unseren Ausgangspunkt am Südende des Sees mit dem Bus der Zuger Verkehrsbetriebe (ZVB) vom Bahnhof Zug aus. Mit dem Bus der Linie 1 fahren wir bis Oberägeri, dort steigen wir in den Bus der Linie 9 Richtung Sattel um. Bei der Station Morgarten steigen wir aus. Wer mit dem Auto anreist, findet etwas weiter nördlich beim Schulhaus Haselmatt einen Parkplatz.

Wir beginnen unsere Wanderung mit einem Abstecher zum Morgartendenkmal (in der Wanderzeit eingerechnet). Es liegt etwas oberhalb der Strasse; von der Steinterrasse aus geniessen wir einen herrlichen Blick über den Ägerisee. Hier kam es am 15. November 1315 zu einer verheerenden Niederlage der Habsburger unter Herzog Leopold I. Die Urschweizer Kantone Uri und Schwyz wurden durch ihren Sieg in ihrem Bund der Eidgenossenschaft gestärkt.

Wir kehren zur Strasse zurück und spazieren auf dem Trottoir bis zum Seeende. Nach dem Hotel Morgarten biegen wir rechts in einen Fahrweg ab und folgen dem Wegweiser Richtung Unterägeri.

tipp:

Hotel Restaurant Schiff

An unserem Wanderziel in Unterägeri angelangt, kommen wir zum Hotel Restaurant Schiff, das sich direkt bei der Bushaltestelle befindet. Hier haben wir nicht weit vom See im Gartenrestaurant nochmals so richtig Gelegenheit, die Seele baumeln zu lassen, zum Beispiel bei einem feinen Nachtessen, bevor wir nach Hause fahren. Die Speisekarte ist sehr vielseitig und hat sicher für jeden etwas Passendes dabei. Egli- und Felchenfilets sowie Zanderfilets aus unseren Schweizer Gewässern werden auf verschiedene Arten zubereitet.

Aber auch Schnecken nach Hausart, ein Chi-Chi oder Tessinerrösti mit Käse überbacken sind sehr beliebt. Es lohnt sich, wiederzukommen und im Hotel zu übernachten, einige Zimmer haben herrlichen Seeblick – Ferienstimmung pur!

Hotel & Restaurant Schiff
Seestr. 27, 6314 Unterägeri ZG
Tel. 041 750 35 40
www.hotelrestaurantschiff.ch

Das Morgartendenkmal liegt oberhalb der Strasse am Ägerisee.

Auch im Winter, wenn der Ägerisee über dem Nebel liegt, lohnt sich ein Ausflug.

Wir wandern vorerst noch auf Hartbelag vorbei am Campingplatz (die Badewiese ist den Campinggästen vorbehalten) bis zum Weiler Nas. Nach dem schönen, alten Holzhaus beginnt der etwa einen Meter breite Wanderweg. Dieser schlängelt sich dem bewaldeten Ufer entlang, was natürlich besonders an heissen Sommertagen beliebt ist. Doch der willkommene Schatten hat kurz vor dem Hof Bergmatt ein Ende, denn von hier aus folgen wir dem Ufer wieder über Wiesen und entlang des dünnen Schilfgürtels. Unser Weg führt nun alles dem Ägerisee entlang, vorbei am Wilbrunnen-Stübli und am Campingplatz. Bei einem kleinen Holzhüttli können wir frische Konfi direkt vom Hofladen kaufen.

Nachdem wir den Hüribach überquert haben, folgen wir nicht der schnurgeraden Strasse nach Unterägeri, sondern nehmen den Fussweg entlang dem Hüribach zum See hinunter. Der Weg führt dicht am Wasser zum Strandbad Lido und weiter über die Seehofstrasse zur Schiffsstation. Von hier aus fahren wir mit dem Schiff bis zur Lände in Eierhals. Ein kleiner Spaziergang am See bringt uns zurück zum Auto beim Schulhaus Haselmatt.

Sind wir mit dem öV unterwegs, nehmen wir den Bus von der Haltestelle Seefeld in Unterägeri zurück nach Zug.

141

Bewegen, bewegen ... **40**
Sattel-Hochstuckli

Das Familienausflugsziel Sattel-Hochstuckli im Kanton Schwyz lockt nicht nur kleine Knöpfe an, die sich in der riesigen Hüpfburg vom Mostelberg oder im europaweit grössten Skaterpark austoben wollen. Die neue Gondelbahn «Stuckli-Rondo» wurde komplett rollstuhlgängig konstruiert und dreht sich als Weltneuheit während der Fahrt zweimal um die eigene Achse.

Das Ausflugsziel Hochstuckli liegt auf 1191 m ü. M. hoch über dem Dorf Sattel und dem Ägerisee.

Mit dem RegioExpress von Zürich HB bis Pfäffikon SZ, weiter mit dem Voralpen-Express bis Biberbrugg und mit dem Bus (Linie 7) bis Sattel-Gondelbahn.

Auf der A3 Zürich–Chur bis Ausfahrt Wollerau, von dort über Biberbrugg nach Sattel. Gratisparkplätze bei der Talstation.

Sommersaison: Ende April bis Ende Oktober – Wintersaison: Dezember bis März, wenn genug Schnee liegt.

Bei den vielen Attraktionen vergeht der Nachmittag wie im Flug. Im Winter: ideales Nachmittagsskigebiet!

Vom Kiosk über die urchige Alphütte bis zum eleganten Restaurant wird einfach alles geboten.

Sattel-Hochstuckli AG
Postfach 36, 6417 Sattel
Tel. 041 836 80 80
www.sattel-hochstuckli.ch

Oben: Sommerrodelbahn Mostelberg.
Mitte: Skater- und BMX-Anlagen bei Sattel.

Unten: Hochstuckli – das schneesichere Familien-Wintersportgebiet in Stadtnähe.

Fotos: Ronald Gohl, Sattel-Hochstuckli

Besonders farbenfroh ist der Ausflug im Herbst, wenn die Sicht auf den Ägerisee klar ist und die Wälder am Hochstuckli sich gelb und rot verfärben.

Vierjahreszeiten-Plausch am Hochstuckli

Eine knappe Stunde benötigen wir von der Stadt Zürich aus, um etwas Schwyzer Bergluft zu schnuppern. Der Nachmittagsausflug zum Hochstuckli lohnt sich während des ganzen Jahres. Vom Frühling bis in den Herbst können wir eine erlebnisreiche Bergwanderung auf gut markierten Wegen unternehmen, Familien mit Kindern vergnügen sich in einer der grössten Hüpfburgen der Schweiz, auf der Sommerrodelbahn legen wir einen Tempozahn zu, während die Teenies unten bei der Talstation bleiben und den europaweit grössten BMX- und Skaterpark in Beschlag nehmen. Hier gibts «Ramps», «Streets» und «Pools», eine Kids-Zone und eine eigene Inline-Schule. Oder wie wärs mit bis zu neun Meter hohen Sprüngen und Kunststücken am Bungy-Trampolin? Da scheint sich die kleine Alpenrandgemeinde Sattel einiges einfallen zu lassen, um die Städter in die Berge zu locken. Ja selbst Rollstuhlfahrer bleiben nicht aussen vor, beim Neubau der ersten drehbaren Gondelbahn der Welt wurde auch an sie gedacht. Mehrere Wege rund um den Hochstuckli sind barrierefrei angelegt. Von Dezember bis März verwandelt sich das Hochstuckli in ein herrliches Wintersportgebiet, das sich auch für den freien Mittwochnachmittag eignet. Lustige Figuren, Schneetunnel, Zauberteppich und ein Kinderskilift bieten den kleinsten Gästen eine besondere Erlebniswelt.

Impressum

CIP-Einheitsaufnahme
Züri-Winterthur Nachmittags-Ausflüge:
mit 30 Halbtages-Wanderungen/
Ralph Bernet – 1. Auflage
Bäretswil: Edition Lan AG, 2008
ISBN 978-3-906691-35-0
NE: Ralph Bernet

Die Ratschläge, Bilder und Routenvorschläge in diesem Buch sind vom Autor und Verlag sorgfältig erwogen und geprüft worden, dennoch kann eine Garantie nicht übernommen werden. Das Reisen und Wandern nach diesen Vorschlägen erfolgt auf eigene Gefahr. Eine Haftung des Autors bzw. des Verlages und seiner Beauftragten für Personen-, Sach- und Vermögensschäden aller Art, die aus den im Buch gemachten Hinweisen resultieren, ist ausgeschlossen.

ISBN 978-3-906691-35-0
© 2008 by Edition Lan AG
CH-8344 Bäretswil
www.editionlan.ch
1. Auflage 2008

Der Nachdruck, auch einzelner Teile, ist verboten. Das Urheberrecht und sämtliche weiteren Rechte sind dem Verlag vorbehalten. Übersetzung, Speicherung, Vervielfältigung und Verbreitung einschliesslich Übernahme auf elektronische Datenträger wie CD-ROM, Bildplatte usw. sowie Einspeicherung in elektronische Medien wie Bildschirmtext, Internet usw. sind ohne vorherige schriftliche Genehmigung des Verlages unzulässig und strafbar.

Korrektorat: Carsten Zuege
Kartografie: Phillipe Cruz